Sandra Honnef

Das Düsseldorfer Weihnachts-ABC

Das Fest der Liebe in der Landeshauptstadt

Zur Autorin

Sandra Honnef wurde 1979 in Köln geboren. Studium der Germanistik, Medienwissenschaften und Psychologie in Düsseldorf. Lebt mit Mann und Hund ebenda. Bisherige Bühnenprogramme (Auswahl): „Von Schmunzelhasen und Weltverbesserern“ sowie „Schafe im Regen“. Zahlreiche Veröffentlichungen in verschiedenen Anthologien.

Sandra Honnef

Das Düsseldorfer Weihnachts-ABC

Das Fest der Liebe in der Landeshauptstadt

Edition XIM Virgines

XIM Virgines – Editio Libri e.K.
Brend'amourstraße 33
40545 Düsseldorf
www.editionvirgines.de

Inhalt und Konzept: Sandra Honnef
Satz und Layout sowie Umschlaggestaltung: Michaela Kura

Druck und Bindung: Fuldaer Verlagsanstalt GmbH & Co. KG

Der Inhalt wurde sorgfältig recherchiert, bleibt aber ohne Gewähr für Richtigkeit und Vollständigkeit.

Printed in Germany

1. Auflage Düsseldorf, 2010

ISBN: 978-3-934268-78-4

Inhalt

Vorwort – *oder V wie Vorfreude*

Bevor ich mich der Aufgabe widmete, wissenswerte Besonderheiten über die Weihnachtszeit in Düsseldorf aufzustöbern und von A bis Z zu sortieren, stellte sich mir die Frage, was Weihnachten für mich selbst bedeutet. Was ist es eigentlich genau, das die Zeit zwischen der vierten Adventskerze und den überquellen Altpapiercontainern so besonders macht? Und warum fanden so viele Menschen es „früher irgendwie schöner"?!

Meine Überlegungen führten mich zum Älterwerden, das eine Reihe pragmatischer, praktischer Wendungen beinhaltet, die einem auf den ersten – und oft auch zweiten – Blick jede Menge Ärger ersparen. Das Leben lehrt einen, indes man selbst mit der Zeit zu (über-)leben lernt und seinen Platz in der großen, wilden Welt zu finden sucht. So weit, so gut. Und dann erinnert man sich plötzlich, dass es früher irgendwie schöner war?

Früher erschien einem jedenfalls alles als anders. Genauso unmittelbar, wie Kinder bedenkenlos sagen, was ihnen in den Sinn kommt, fühlen sie auch. Der Ausdruck „Sinn" fasst die ungefilterte Verquickung kindlicher Wahrnehmung vielleicht am besten: Das Herz liegt

ihnen auf der Zunge und damit im Kopf; ihr Erleben ist fest im jeweiligen Augenblick verankert.
Der erfahrene Mensch neigt dagegen in vielen Situationen dazu, abzuwarten, auszusitzen und aus der Erschöpfung des Bewusstseins heraus, ohnehin zu wissen, oder vielmehr meinen zu wissen, was passieren wird, sich nicht unnötig aufzuregen und sich vor allen Dingen nicht verrückt machen zu lassen, denn morgen sieht die Welt oft ohnehin schon wieder ganz anders aus. Mit dieser pragmatischen Abgeklärtheit meint der Erwachsene mit seinem Energiehaushalt ökonomisch hauszuhalten. Dabei vergisst er jedoch, dass gerade in der Verschwendung das größte Glück liegen kann. Ist nicht gerade Vorfreude, so heißt es doch, die schönste Freude? Liegt der Schlüssel also womöglich im *Morgen,* wenn es heißt: „Morgen, Kinder, wird's was geben"?

Denn früher war morgen noch unendlich weit weg. Ich habe als Kind nur einmal im Jahr vor lauter Aufregung nicht schlafen können. Das war vor dem Heiligen Abend. Meiner eigenen, an späterer Stelle aufgestellten These zufolge, müsste das an den Geschenken liegen. Morgen, Kinder, wird's schließlich *was geben.* Das war aber nur in geringem Maß ausschlaggebend, muss ich an dieser Stelle ehrlich eingestehen. Vielmehr war es das, was ich unbeholfen als das zeremonielle Drumherum bezeichnen möchte, was diesem Tag eine außergewöhnliche Bedeutung jenseits sonstiger Alltäglichkeit verlieh und mich in meine kindlich-umgestüme Aufregung versetzte. Wenn die Erwachsenen so ein Aufhebens veranstalteten, musste das doch exorbitante Gründe haben!

Ich erinnere mich an einen 24sten Dezember, der einst voller Wunder war. Durchdrungen von dem feierlichen Gefühl erhebender Festlichkeit war das Warten auf ein Glöckchenklingeln anstrengendes Tageswerk. Und ein Tag, der war damals wirklich lang. Der geschmückte Tannenbaum strahlte und duftete mit solch seltener Besonderheit, dass ich bis heute mein Herzklopfen erinnern kann, wenn ich endlich die sehnlichst erwarteten Lichtkreise durch die Glasscheibe der elterlichen Wohnzimmertür erstrahlen sah.

Heute denke ich, nun, eine Vierjährige hat bis dato noch nicht viele Weihnachtsbäume gesehen – wenn man noch keinen Meter misst, erscheint einem auch ein mittelpreisiges Modell überragend und der jährlich gleichbleibende Christbaumschmuck hypermodern. Man hat für die ollen, lila Kugeln zu diesem Zeitpunkt nicht besonders viele Vergleichsmöglichkeiten.

Wenn das Glöckchen dann endlich geklingelt hatte, rannte ich ins Wohnzimmer, ließ mich von keinem

Weihnachtszauber ablenken, stoppte nicht einmal am Teller mit den Marzipankartoffeln, sondern peste zielstrebig zum Fenster, in der festen Absicht, noch einen Blick auf das Christkind am Horizont zu erhaschen. Es hat mir im Leben durchaus weitergeholfen, irgendwann einzusehen, dass es das Christkind nicht gibt. Dennoch erinnere ich mich mit Freude an den Feuereifer, den mir die Überzeugung seiner Existenz verlieh.

Ein Weihnachtsbuch zu schreiben, erfordert in gewisser Weise diesen Spagat. Zwischen der Sehnsucht an jene idyllische Weihnachtswinterwunderwelt und der Fähigkeit, auch nach der Demaskierung des Weihnachtsmanns noch eine aufgeklärte Schwärmerei zu bewahren, für jene Zeit gen Jahresende, in der die Menschen zur Abwechslung mal nett zu einander sind.

„Wahrlich, ich sage euch, so ihr nicht umkehrt und werdet wie die Kinder, werdet ihr nimmermehr in das Reich der Himmel eingehen“, wird Jesus Christus im Matthäus-Evangelium zitiert. Ich maße mir nicht an, erklären zu wollen, was Jesus damit gemeint hat. Dass mir beim Schreiben dieses Vorworts urplötzlich ein Bibel-Zitat in den Sinn kommt, ist vielleicht aber kein Zufall. Denn dass es beim Weihnachtsfest viel stärker um Glauben geht, als wir aufgeklärte Menschen des 21sten Jahrhunderts uns eingestehen, erscheint mir die Quintessenz des Rätsels zu sein, warum Weihnachten früher irgendwie schöner war. Wann immer dieses Früher auch war.

Ich möchte nun weder zur kollektiven Rückkehr in die Religiosität aufrufen, noch in jenen Tonfall geraten, der mich selbst seit einigen Zeilen mit Unbehagen an „Kirche in Eins Live“ erinnert. Mit Glauben meine ich nicht den alleinigen Glauben an einen dreifaltigen Gott, sondern eine Weltanschauung, die für möglich hält, dass das, was kommen wird, schon irgendwie gut sein wird.

Es scheint mir so, als kranke unser Zeitalter an der Paradoxie des Erwachsenseins, welche jedem Einzelnen irgendwann widerfährt: Wünscht sich ein jedes Kind anfänglich sehnlichst, in die zweite Klasse zu kommen, zu den Großen zu gehören und den Führerschein zu machen, so hat sich auch die Menschheit stets selbst übertroffen, längst Abitur gemacht und ist gar zum Mond geflogen. Doch hat uns das glücklicher gemacht? Irgendwie nicht.

Kinder sind darauf angewiesen, zu glauben. Zwar wollen sie wissen, lernen und noch mehr wissen – so ist es einer ganzen Kultur ergangen. Doch wissen wir inzwischen, dass wir nicht wissen und stehen mit dieser Haltung recht ratlos dar. An dieser Stelle fiel mir Jesus ein, der sagte, „wenn ihr nicht werdet, wie die Kinder“. Deren Glauben hat nämlich viel mit Vertrauen zu tun. Dass das, was kommt, schön sein und die Freude ihre Vorfreude auch wert sein wird. Weil es nämlich zunächst um nichts weiter als die Freude an der Freude selbst geht.

So sehe ich mich heute weiterhin Kalender basteln, Weihnachtsüberraschungen aushecken, festliche Tafeln decken, kurzum einen riesigen Aufwand betreiben, um das zeremonielle Drumrum weiterleben zu lassen. Weil die Dinge nur die Bedeutung haben können, die wir ihnen schenken. Obwohl wir irgendwann in etwa wissen, was uns Weihnachten erwartet, lässt sich auf diese Weise auch noch als erwachsener Mensch ein Fest erfinden, auf das man sich mit gutem Gewissen vorher ausgiebig freuen darf.

Mein Fazit? So, wie es heißt, dass Sonne albern macht, lässt einen der Gedanke an Weihnachten offenbar sentimental werden. Daran haben auch blinkende Weihnachtsmützen nichts geändert. Das finde ich gar nicht schlecht.

A wie Adventskalender

Am Anfang des Adventskalenders steht ein unvermuteter Name: Martin Luther.
Zwar sind die weitreichenden Einflüsse des Reformators Martin Luther weitestgehend bekannt, doch dass sich inmitten seiner Verdienste (für unser Weihnachtsfest, wie wir es bis heute feiern, die Entwicklung der deutschen Sprache oder der Trennung von staatlicher und kirchlicher Gewalt, um nur ein paar Beispiele zu nennen) letztlich sogar der Adventskalender befindet, ist den wenigsten bekannt. Zugegeben, der Zusammenhang bedarf auch einer Erklärung. Er steht und fällt, diese Beobachtung werden wir noch öfter machen, mit den Geschenken. Diese gab es früher nämlich zumeist am sechsten Dezember, dem Ehrentag des heiligen Sankt Nikolaus. Um die größere Aufmerksamkeit, welche bis dato der Heiligenverehrung zukam, auf Christus hinzulenken, schuf Luther 1535 die Kunstfigur des Christkind(l)s, welches fortan zu Christi Geburt die Gaben überbringen sollte. Dieser Brauch setzte sich im evangelischen Deutschland erwartungsgemäß sehr schnell durch, breitete sich jedoch mit der Zeit auch im Rheinland, später noch in Bayern und Österreich aus. Die Niederländer

haben sich davon übrigens bis heute nicht beeinflussen lassen.
Diese Bescherungsverschiebung bescherte den Kindern allerdings eine längere Wartezeit, die es mit Entertainment zu überbrücken galt. Entertainment hieß früher zwar noch kürzweil, aber gequengelt haben die Kinder auch dazumal schon. Und so gab es als Abhilfe jeden langen Tag etwas zur Unterhaltung, das auf Großes hoffen ließ. Schließlich steuert der Advent auf den Geburtstag des kleinen Jesuskindes hin und da haben sich schon die Drei Heiligen Könige nicht lumpen lassen!

Der Weg zur Reichhaltigkeit des heutigen Sortiments war jedoch lang und begann mitunter mit karger Kreide, welche in den Anfängen dazu verwendet wurde, 24 Striche an die Tür zu malen, von denen die Kinder jeden Tag einen wegstreichen durften. Der Begriff „Advent" leitet sich vom lateinischen adventus ab, was so viel wie „Ankunft" bedeutet und somit die Platzierung der Adventsabzählung an der Haustür wohl gewählt erscheinen lässt. Dieses 24-teilige Adventsprinzip ließ sich auf viele weihnachtliche Bräuche übertragen. Die Weihnachtskrippen, welche auch im alten Düsseldorf äußerst populär waren, wurden täglich um ein Element bereichert: Nach Esel, Ochse, Krippe, Schaf und Stroh, vollendete am Heiligen

Abend ein Jesuskind das Krippenbild, gebettet zwischen Maria und Joseph.

Der schwäbischen Pfarrersfamilie Lang wird die Erfindung des ersten modernen, jedenfalls käuflichen Adventskalenders zugesprochen. Nähte einst noch Mutter Lang für ihren Sohn 24 Wibele – das sind süße, trockene Gebäckstücke aus Biskuitteig – auf einen Karton, von denen bis zum Heiligen Abend jeden Tag eines abgenommen und genascht werden durfte, begeisterte diese Idee Sohn Gerhard derart, dass er 1908 den ersten gedruckten, damals noch Weihnachtskalender genannten, Adventskalender auf den Markt brachte. Während beim Prototypen weihnachtliche Bilder von einem separaten Bogen ausgeschnitten und auf den Kalender aufgeklebt werden mussten, verbreiteten sich bald schon Doppelbögen mit jenen charakteristischen Fensterchen, wie sie bis heute bekannt sind. Gegen Ende der 50er-Jahre des vergangenen Jahrhunderts kamen die bis heute beliebten Kalender auf den Markt, hinter deren Törchen sich ein Schokoladenstück verbirgt.

Ob in der Gestalt von Abreißkalendern, Kerzen, die Tag für Tag ein wenig abgebrannt wurden, oder langen Papierstreifen, die täglich ein Stück gekürzt wurden – die Geschichte des Adventskalenders geht seit seiner Entstehung mit einer Fülle von kreativen Umsetzungsvarianten einher. Stellte, jedenfalls in Kinderaugen, der Schokoladenkalender kurzfristig den Höhepunkt seiner Entwicklung dar, so wurde er schon bald von individuellen Bastelideen abgelöst oder begleitet, die sich als persönliche Kalenderlösung neben dem industriell gefertigten Standard etablierten. So wurden zusehends kleine Päckchen gepackt, Säckchen auf Wäscheleinen gereiht und vorgefertigte Fächer auf Filztannen befüllt, die der Schokolade in Sachen Entertainment Paroli boten. Offenbar stieg das Kinderquengeln proportional mit den wirtschaftlichen Möglichkeiten. Und die Industrie zog mit. Die heutige Produktpalette verschiedener Adventskalender ist kaum zu überschauen. Von aufwändigen Blanko-Kalendern mit Säcken, Schublädchen oder Fächern zum Selberbefüllen bis hin zu teuren Spielwarenkalendern bietet der Markt mittlerweile in Deutschland vermutlich mehr Adventsbedarfsmittel, als es Kinder gibt. Prompt verbreiteten sich diverse Variationen für Erwachsene – mit 24 Edelsteinen, festlichen Bierflaschen und gar erotischen Überraschungen gespickt, die selbst dem alten Luther wohl die Sprache verschlagen hätten. Wo Licht ist, ist auch Schatten.

Längst hat sich das Weihnachtswarten vom privaten auf den öffentlichen Bereich ausgeweitet. Ganze Gebäude werden mitunter zu Adventskalendern umfunktioniert.

Düsseldorf konnte im Jahr 2006 am Brauereiausschank „Im Goldenen Ring“ den größten Adventskalender Nordrhein-Westfalens verzeichnen. Ein Superlativ, der nur unter Vorbehalt genannt sei, denn mit der Fülle der Vielfalt geht gleichermaßen eine bedauerliche Unüberschaubarkeit einher. Die Fassade des Goldenen Rings schmückte dazumal den Burgplatz mit 24 Fenstern auf einer Gesamtfläche von rund 480 Quadratmetern; eine Tombola verloste täglich Preise für einen karitativen Zweck. Eine bedauerliche Banalität machte aus diesem Ereignis ein einmaliges: Der leuchtende Kalender-Effekt bedurfte einer Dunkelheit im gesamten Haus, welche die Geschäftigkeit der eingemieteten Unternehmen durchkreuzte. Vorfreude hin oder her, wirklich still steht die Zeit heutzutage nur noch sprichwörtlich.

Mit einer aufsehenerregenden Kalenderidee machte der Radiosender Antenne Düsseldorf in den Jahren 2005 und 2006 auf sich aufmerksam. „Wünsche, die man für Geld nicht kaufen kann“, standen im Zentrum des Radioadventskalenders, bei dem aufmerksame Zuhörer durch Benennen eines täglich erweiterten, virtuellen Baumschmucks, der zuvor über den Äther gegangen war, bemerkenswerte Erlebnisse gewinnen konnte. Diese Liste ist lang und reicht von ungewöhnlichen Begegnungen mit Prominenten, wie dem verlosten Weihnachtssingen mit Guildo Horn, Skatspielen mit Götz Alsmann, Robbie Williams bei Wetten Dass oder Liza Minelli backstage zu begegnen, bis hin zu außergewöhnlichen Abenteuern, wie von Manes Meckenstock frisiert zu werden, auf einem Karnevalswagen mitzufahren, einmal im Steigenberger Parkhotel kochen zu dürfen oder einen kompletten Kinosaal mitsamt Wunschfilm einen ganzen Abend für sich allein zu haben. Chefredakteur und Ideengeber Michael Mennicken erinnert sich gerne an die zweifellosen Höhepunkte der beiden Adventskalender: Ein Dinner für die Gewinner. Und zwar vor spektakulären Kulissen! Dirk Vobis gewann 2005 für sich und neun weitere Freunde ein atemberaubendes Abendessen im Mittelkreis der damaligen LTU-Arena, heute Esprit-Arena. Im Folgejahr wurde auf Eis gespeist. Marita Bassler genoss mit ihren neun besten Freundinnen ein Vier-Sterne-Menü im Düsseldorfer ISS Dome, das trotz kühler Füße ein erwärmendes Erlebnis war. Seit 2007 hat ein Weihnachtskrimi den Radioadventskalender abgelöst. Düsseldorf braucht ganz eindeutig eine neue, eine dritte Arena.

Bastelanleitung: Zeitsparender Adventskalender für zwei Personen

Beratung zum Basteln unterschiedlicher Adventskalender gibt es sowohl gedruckt als auch im Internet in mannigfacher Form. Ich möchte an dieser Stelle eine Kalendervariation empfehlen, mit der ich selbst bereits beglückende Erfahrungen gemacht habe. Diese Variante bringt nicht nur die Hälfte an Aufwand für beide Beteiligten mit sich, sondern birgt mit einem ständigen Wechsel von schenken und beschenkt werden beide schönen Seiten, die das Schenken haben kann. Es bedarf zweier, einander nahe stehender Menschen, guter Einfälle, wie dem oder der anderen eine persönliche Freude zu machen ist und nur der Hälfte der Zeit, die ein ursprünglicher Kalender erfordert, da die Törchen gerecht geteilt werden. Wie die geraden, bzw. ungeraden Kalendertage dabei verteilt werden, ist dabei offen; diese Entscheidung kann durch individuelle Vorlieben, einen Münzwurf oder eine schwungvolle Runde Schnick-Schnack-Schnuck getroffen werden. Bei der Ausgestaltung des Kalenders sollten sich liebevolle Kleinigkeiten mit einigen Hauptspäßen abwechseln. Konkret können das am jeweiligen Tag einzulösende Gutscheine für anschließende Lieblingsessen, Rückenmassagen oder die Übernahme unliebsamer Tätigkeiten sein, bis hin zu den Dingen, die der oder die andere schon länger ganz großartig fand, nur keine Zeit, sich die Sachen selber zu kaufen. Die Verpackung empfehle ich möglichst irreführend zu wählen, das erhöht die Auspackspannung und kann beispielsweise aus der vermuteten Flasche Bier einen Gutschein für ein ganzes Fass hervorgehen lassen. Geschickt sind auch Gutscheine für gemeinsame Unternehmungen aller Art, auf diese Weise potenziert sich die jeweilige Freude an nur einem Törchen. Abzuraten ist eigentlich nur von den Dingen, bei denen man selbst zögert. Denn umgekehrt bleibt einem noch immer die Chance, den Beschenkten mit der eigenen Begeisterung von der Einmaligkeit seiner neuen, rot-weiß geringelten Stoppersocken zu überzeugen.

B wie Beleuchtung

Als im Juli 2007 der Strom in großen Teilen Düsseldorfs für fast eine Stunde ausfiel, war es 16.15 Uhr, draußen taghell und das Chaos dennoch groß. Welche Aufregung aber entstanden wäre, hätte sich dieser Stromausfall womöglich in der längsten Nacht des Jahres, also am Abend des 21sten Dezembers ereignet, ist kaum auszumalen. Manche wären blind zum Kühlschrank getappt und hätten ratlos festgestellt, dass ihnen nicht mal mehr ein Licht aufgeht, wenn sie die Kühlschranktür öffnen; andere hätten verzweifelt versucht, diesen Stromausfall trotz toten Routers zeitnah ins Internet zu zwitschern, und wieder andere hätten die Situation gewiss einfach zum Event erklärt. Wenn etwas ein Event ist, ist es gut, ist es gewollt und keiner braucht sich mehr zu fürchten. Es war schließlich lange hell genug gewesen, um zu wissen, dass es keine Geister gibt, und die Wahrscheinlichkeit, dass sie nur auf diesen einen, finsteren Moment gewartet haben, um nach Jahrtausenden wieder hervorzukommen, ist gering. Noch bevor wir die verstaubten Deko-Kerzen zusammengetragen und eine Streichholzschachtel, zusammengequetscht am hintersten Ende der Küchenschublade, wiedergefunden hätten, wäre die

Elektrizität wahrscheinlich ohnehin schon wieder da. Das war früher anders. So banal es klingt, so schwer mag diese Vorstellung einem modernen Großstädter fallen. Früher war es ständig dunkel, vor allem im Winter. Seit der Steinzeit wurde die Nacht der Wintersonnenwende von verschiedenen Völkern und Kulturen entsprechend gefürchtet und gefeiert: Im Zentrum dieser Feiern stand stets die Sonne, welche sich ab diesem Wendepunkt wieder länger zeigen und die angsteinflößenden Dämonen der Dunkelheit vertreiben sollte.

Die Germanen feierten im Winter oft wochenlang „Jul", das Geburtsfest der Sonne, bei dem die Sonne durch große Räder dargestellt wurde, welche abgebrannt und dabei mitunter Abhänge hinuntergerollt wurden. Die Römer verehrten dagegen mehr als drei Jahrhunderte lang Mithras, einen Sonnen- und Lichtgott aus dem altpersischen Reich. Da nach dem julianischen Kalender die Sonnenwende auf den 25sten Dezember fiel, wurde das Fest des „unbesiegbaren Sonnengottes" im römischen Reich an diesem Datum abgehalten. Den Termin behielt der römische Kaiser Konstatin I. bei, als er im vierten Jahrhundert zum Verwalter des Westens ausgerufen wurde. Was sich mit ihm jedoch grundlegend änderte, und heute als „Konstantinische Wende" bezeichnet wird, war die, den Mithras-Kult ablösende Zuwendung zum bis dahin heftig verfolgten Christentum. Konstantin erklärte das ehemalige Fest des Sonnengottes flugs zu dem des Christesgottes um, der nun als „das Licht der Welt" die bedeutsame Lichtsymbolik fortsetzen sollte. So kam Jesus Christus, mehr als dreihundert Jahre nach seiner Geburt, zu seinem bis heute verbindlichen Geburtstag. Der Begriff „Weihnachten" setzte sich erst gegen Anfang des 12ten Jahrhunderts durch; bis dahin erinnerten die geläufigen Bezeichnungen „Christ"- oder „Lichtfest" an die Wurzeln des Weihnachtsfestes. In skandinavischen Ländern ist der Ausdruck „Jul" übrigens bis heute erhalten geblieben, inzwischen bezeichnet er Weihnachten.

Die positive Wirkungskraft des Lichtes zeigte mit der Zeit in verschiedenen Weihnachtsbräuchen ihre stimmungsvollen Entsprechungen; angefangen mit dem Adventskranz, dessen wärmende Strahlkraft mit jeder Adventswoche zunimmt und als Ausdruck der steigenden Erwartung auf die Geburt Christi gedeutet wird, über den Lichterbogen (Schwibbogen) bis hin zum Christbaum, der mittlerweile über die ganze Welt verteilt zur Weihnachtszeit erstrahlt.

Obwohl der immergrüne Tannenbaum – wie die Lichtfeiern – über eine uralte, vorchristliche Tradition verfügt, zog er in Düsseldorf erst vor ungefähr 200 Jahren als weihnachtliche Gewohnheit ein. Bis dahin war der allei-

nige Aufbau von Krippen üblich, welche eine nicht minder festlich-erhebende Atmosphäre ausstrahlten. Noch nach der Erfindung des Stearins und Paraffins konnten sich aber zunächst nur wenige den Luxus eines Lichterbaums leisten. Damals wurden in Deutschland sogar bewusst Vollmondnächte für gesellige Veranstaltungen gewählt, allerdings nicht wegen des faszinierenden Flairs am Firmament, sondern um teure Kerzen zu sparen. Schwer fällt die Vorstellung an eine Welt, welche weder mit Strom aus der Steckdose noch Teelichtern von Ikea versorgt wurde.
Bis zur Regierungszeit des Kurfürsten Johann Wilhelms, besser bekannt als „Jan Wellem", waren die Straßen in Düsseldorf des Nachts stockfinster. Was wir numehr zu Sankt Martin festlich zelebrieren, war früher der klägliche Alltag: Wenn jemand abends noch das Haus verließ, musste er eine Laterne mitnehmen. Denn es war nicht nur duster, sondern die ungepflasterten Straßen waren voller Löcher und bargen im Dunklen ernsthafte Gefahren. Bevor die Stadtwerke in Flingern ab dem 1. Dezember 1891 begannen, Düsseldorf mit Strom zu beliefern, wurden die öffentlichen Straßen und Plätze von Gaslaternen beleuchtet. Der Düsseldorfer Schriftsteller Hans Müller-Schlösser beschrieb 1937 den Beginn der ersten, gasbetriebenen Straßenbeleuchtungen im 19ten

Jahrhundert folgendermaßen: „Als in Düsseldorf die ersten Gaslaternen in den Straßen brannten, waren sie Gegenstand der hellsten Verwunderung, und unsere Eltern und Großeltern, die sonst gewohnt waren, ins Bett zu kriechen, wenn es dunkel wurde, blieben auf und gingen „ein Sträßchen herum“, bloß, um die neumodischen Laternen anzusehen. Der Oberst von Schaumburg sprach in seinem, zum Besten des evangelischen Krankenhauses am 5. April 1866 gehaltenen Vortrag von den „durch die von der städtischen Gasanstalt tageshell erleuchteten Straßen. Es waren Lampen mit einfachem Schlitzbrenner, die ein kümmerliches Licht – im Vergleiche mit heute – verbreiteten. Ich sehe noch die städtischen Lampenanzünder, die abends Lampe für Lampe anzünden mußten. Sie trugen eine lange Stange auf der Schulter. An der Spitze dieser Stange war ein Blechgefäß mit Watte, die mit Spiritus getränkt war. Ein Stückchen Watte ragte heraus und brannte.“

Was Müller-Schlösser, der 1956 verstarb, nicht mehr hat erleben können, war die allabendliche Illumination der weihnachtlichen Kö, welche zum Novemberende 1967 erstmalig erstrahlte und bis heute Millionen begeisterter Besucher angelockt hat. Düsseldorf verdankt diese Idee letztlich drei Einbrechern, welche wertvolle Graphiken aus der Kunsthandlung Conzen gestohlen hatten. Fritz

Conzen war nämlich daraufhin nach Paris gereist, um den Kunstwerken nachzuspüren und zeigte sich dermaßen von den Lichterketten in den laublosen Bäumen auf dem Boulevard Haussmann beeindruckt, dass er mit dieser Idee für die winterliche Königsallee aus Paris zurückkehrte. Ob er dabei auch seine zuvor geraubten Graphiken im Gepäck hatte, ist leider nicht überliefert. Das leuchtende Kunstwerk aus Paris erstrahlt jedenfalls seither jedes Jahr in den kahlen Baumkronen der Düsseldorfer Flaniermeile, während sich seine Lichter immer wieder wunderschön im Kö-Graben spiegeln.
Obwohl Licht längst zu einer ganzjährigen Selbstverständlichkeit geworden ist und inzwischen jeder Raum über mindestens einen Schalter verfügt, hat die winterliche Weihnachtsbeleuchtung weiterhin einen ganz besonderen Reiz. Auf dem Heinrich-Heine-Platz erglimmt beispielsweise jährlich ein güldener Engelchenmarkt mit Abertausenden von kleinen Lämpchen. Der Sternchenmarkt funkelt, seinem Namen Ehre gebührend, wie die unverwechselbare Tanne vor dem Karstadtgebäude in den nächtlichen Winterhimmel, und neben der ständigen Lichtuhr am Rheinturm, die Düsseldorfs Uferpromenade ziert, leuchtet auf der Fassade des Vodafone-Hochhauses ein riesiger Tannenbaum. Bis vor wenigen Jahren war das Weihnachtshaus im benachbarten Hilden

eine flimmernde Attraktion; ganz im amerikanischen Stil waren dort Rentier, Christkind, Krippe und Co mit über 160.000 Glühlampen illuminiert, die nochmals heller durch die zahlreichen Blitzlichter der wild fotografierenden Besucher erstrahlten. Was Müller-Schlösser schon vor mehr als 70 Jahren über unsere Ahnen annahm, lässt sich an dieser Stelle nur bekräftigen: Sähen sie die aktuelle weihnachtliche Lichterpracht, die flächendeckend unsere Stadt überzieht, würden sie „vor lauter Staunen nicht mehr zur Besinnung kommen und den ganzen Tag mit offenem Munde herumlaufen."

Früher markierte übrigens „Maria Lichtmess", vierzig Tage nach dem Weihnachtsfest, den feierlichen Abschluss der Weihnachtszeit. An diesem Tag wurde sowohl der Jahresbedarf an Kerzen für die Kirchen geweiht, als auch die persönlichen Wachslichter für den häuslichen Gebrauch. Im Rheinland wurde dieses Kirchenfest noch bis in die zweite Hälfte des 20sten Jahrhunderts mit Lichterprozessionen begangen. Es war ebenfalls üblich, die Weihnachtsbäume bis Lichtmess, also bis zum zweiten Februar, geschmückt stehen zu lassen.

In Düsseldorf werden die Bäume schon seit langem in der ersten Januarhälfte abgeholt, was die Chance steigert, dass auch noch die eine oder andere Nadel von der Avista mit abtransportiert werden kann.

C wie Chongqing

Erinnern Sie sich noch an die Zeit, als China so weit weg erschien, dass ein sprichwörtlicher Umfall-Unfall eines Sackes Reis hierzulanden niemanden interessierte? Wenn heute auch nur ein kleines Hülsenfruchtsäckchen zu kippeln beginnt, verfolgt die Weltwirtschaft diese Instabilität gebannt. Was hat das mit Weihnachten zu tun, werden Sie, lieber Leser, sich nun wundern. Vorab sollte erwähnt werden, dass China inzwischen viel mit Düsseldorf zu tun hat; seit 2004 ist die Millionen-Metropole Chongqing nämlich unsere Partnerstadt und ein enormes, ideelles Stück näher an den Rhein gerückt. So weit, so gut. Und Weihnachten?

Als ich mir vornahm, in diesem Buch die Weihnachtszeit in jeder Partnerstadt Düsseldorfs zu beleuchten, erschien das ferne Chongqing als spannend ferner Kontrapunkt zur hiesigen Adventszeit. Ich hatte damit gerechnet, unsere Weihnachtsbräuche in einer Volksrepublik mit atheistischer Staatsideologie vergeblich zu suchen. Ich war auf einiges vorbereitet, aber in keiner Weise auf das, womit mich meine Recherchen letztlich konfrontierten: Rote Weihnachtsmützen mit weißem Puschel an der Spitze. Wie konnte es soweit kommen?

Chongqing ist eine Stadt mit mehr als 3000-jähriger Geschichte, schon 1000 vor Christus avancierte sie zur Hauptstadt des damaligen Staates Ba. Im zweiten Weltkrieg bildete Düsseldorfs Partnerstadt zwischenzeitlich erneut das Zentrum des chinesischen Riesenreichs. 1997 wurde die Stadt am Drei-Schluchten-Staudamm vom Staatsapparat zur regierungsunmittelbaren Stadt ernannt. Mit diesem Status erreichte die Stadt eine Unabhängigkeit, wie sie nur wenigen Metropolen in China zukommt, darunter Peking und Shanghai. Außerdem erstreckt sich der Verwaltungsbezirk Chongqing seither auf eine Fläche von der Größe Bayerns!
Zu dem zentralen Ballungsgebiet mit annähernd acht Millionen Einwohnern zählt ein besiedeltes Umland, das Chongqing aus administrativer Sicht mit insgesamt rund 32 Millionen Bürgern zur größten Stadt der Welt macht. Unzählige Wolkenkratzer sind in den vergangenen Jahren gebaut worden und verändern das überragende Stadtbild zu einer Kulisse, wie sie von Manhattan oder Hong Kong eindrucksvoll bekannt ist.
Die Düsseldorfer Rock-Ikone Doro Pesch gastierte 2008 in der Partnerstadt und gab dort ein Konzert vor Tausenden von Fans. Sie begeisterte die chinesischen Zuhörer so sehr, dass diese ihre sonst eher zurückhaltende Mentalität kurzfristig über Bord warfen und rockten, was das

Zeug hielt. Doro Pesch erinnerte sich an ihre Ankunft in Chongqing, die das Zusammentreffen von Tradition und Moderne in China kaum sinnbildlicher veranschaulichen könnte: Nach einer Fahrt vom Flughafen, vorbei an endlosen Reisfeldern, die eine Landschaft zeigen, wie sie seit Jahrhunderten besteht, ragten irgendwann nämlich Wolkenkratzer aus dem Nichts. Diese Skyline, von der Doro feststellte, sie wäre „fast so groß wie Manhattan“ zeigt das moderne Chongquing. „New York, New York“ steht sogar in großen Leuchtbuchstaben an einem Wolkenkratzer im Zentrum. Nach einer Prognose des – übrigens in Köln geborenen – Mitarbeiters des universitären Stadtplanungsinstituts von Chongqing, Manfred Siry, dürfte, bis auf wenige Ausnahmen, schon heute kein Gebäude mehr in der Innenstadt stehen, das vor 1980 gebaut wurde. Die Vorstellung dieser wie Bambus-Rohre aus dem Boden geschossenen Hochhäuser gestaltet sich noch imposanter, wenn man bedenkt, dass sich die Metropole auf mehreren Hügeln an den Ufern der Flüsse Jangtse und Jialing ausbreitet. Die Chinesen sprechen deshalb von der „Bergstadt, in der niemand Fahrrad fährt“.

Wenn es durch diese Schluchten urplötzlich „Stille Nacht, Heilige Nacht“ schallt – in perfektem Hochchinesisch – kann selbst dem abgeklärtesten Globetrotter wunderlich zumute werden. Der durchschlagende Erfolg dieser westlichen Weihnachtsadaption hat so schlagartig wie skurril eingesetzt. „Die Chinesen freuen sich gerne", resümierte Doro Pesch den Eindruck ihres Chongqing-Aufenthalts, „und lachen sich kaputt über verschiedene Spielereien, wie tanzende Weihnachtsmänner und so etwas". In der Tat reicht diese Freude von aufblasbaren, über aufziehbare Weihnachtsmänner mit Propellern auf den Rücken, die durch die Luft fliegen, bis zu künstlichem Schnee in Spraydosen, riesengroßen Kunsttannen oder Zeitschriften mit Anregungen für Weihnachtsdekoration. China fokussiert ganz besonders die optischen Reize, die das Weihnachtsfest zu bieten hat. So finden sich flächendeckend Menschen mit roten Weihnachtsmützen in der Stadt, von der Kassiererin bis hin zum Sicherheitsangestellten, die trotz einer kühlen Durchschnittstemperatur von sieben Grad ausschließlich dekorativen Zwecken dienen. Gerade in den beheizten Shoppingmalls ist weihnachtliches Zubehör nämlich äußerst verbreitet. Ein weiterer, peripherer Beweis der charakteristischen Fähigkeit Chinas, sich auf Veränderungen einzustellen.

Also gibt es gen Jahresende in Düsseldorf und Chongqing tatsächlich Straßenszenen, die sich zum Verwechseln ähneln, auch wenn die geschmückten Weihnachtsbäume und strahlenden Straßenbeleuchtungen der gigantischen Partnerstadt unsere hiesigen deutlich überragen. Aber wer hätte schon, wenn er hierzulande beim morgendlichen Adventsshopping auf einen singenden Weihnachtsmann mit Batteriebetrieb stößt, daran gedacht, dass er diesen einen Moment gerade mit Hunderten von Chinesen aus dem Reich der Mitte teilt? So scheint sich Weihnachten im 21sten Jahrhundert zu einem Fest zu entwickeln, welches die Menschen tatsächlich weltweit vereinen könnte – jedenfalls in Deko-Angelegenheiten und auf elektrisch jingelnden, blinkenden Umwegen.

Wirkliche Festtagsstimmung kommt in Chongquing allerdings nicht auf. Die Feiertage sind dort ganz normale Arbeitstage, die Geschäfte geöffnet und groß geschenkt oder gejubelt wird auch nicht, von den christlichen Gemeinden natürlich abgesehen. Der Weihnachtsmann (chinesisch: Shengdan Laoren) hat sich zum verbreitetsten Symbol dieses winterlichen Festes etabliert. Dass es dabei einmal „irgendwie um Jesus ging" wissen nur die wenigsten. Und diejenigen, die sogar um den Hintergrund des Weihnachtsfestes wissen, konstatieren sofort, „das hat aber eh an Bedeutung verloren". In diesem Moment erscheint der Osten westlicher als der Westen.

Obwohl sich auch das nur eingeschränkt behaupten lässt; denn wenn jemand im Reich der Mitte startet und dem Jangtse mit dem Schiff in Richtung Osten folgt – wo kommt er dann an? Natürlich! Ausgerechnet in Amerika. By the way, kennen Sie den Hintergrund von Halloween ...?

D wie Doro Pesch

Wer an Weihnachtsmusik denkt, kommt in der Regel auf leise rieselnden Schnee, süß klingelnde Glöckchen und stille, leise Nächte. Oder andere, besinnliche Lieder, gesungen unter dem Weihnachtsbaum. Oder, in diesem Kontext auch gerne genannt, von kleinen Mädchen auf der Blockflöte gespielt. Hauptsache leise, dieses Wort kommt in den deutschen Texten auffallend oft vor. Nichts scheint da so fern, wie der Gedanke an laute, harte Rockmusik. Dabei ist es genau diese, mit der ein großes Düsseldorfer Mädchen Tausende von Menschen nicht nur zur Weihnachtszeit begeistert. Die öffentliche Wahrnehmung sieht Heavy-Metal-Musik bis heute eher im Zusammenhang mit dem Fressen von kleinen Kindern, als gefühlsbetonter Stimmung zum Wiegenfest des Jesuskinds. Doch tief unter den nietenbesetzten Lederjacken schlagen die Rockerherzen rührselig höher, wenn Doro Pesch „O Tannenbaum“ anstimmt. Seit 25 Jahren feiert die Metal-Sängerin in einer sonst von Männern dominierten Domäne außergewöhnliche Erfolge, die sie heute um die ganze Welt touren lassen.

Ich hatte das Glück, Doro Pesch in ihrer Heimatstadt Düsseldorf zu treffen und mit ihr über Weihnachten,

ihre Kindheitserinnerungen und deutsch-amerikanische Unterschiede sprechen zu dürfen.
„Die echten Kerzen", mit denen die hiesigen Weihnachtsbäume mitunter bis heute geschmückt werden, nannte sie spontan als deutsche Besonderheit. Das gäbe es in Amerika nicht, obwohl dort alles „total beleuchtet" sei – aber eben elektrisch. Schon früher, erzählte sie, sei der Christbaum in ihrer Familie ungeheuer wichtig und es immer „ein Megastress gewesen, den Baum aufzubauen". Da Baumsterben und Umweltschutz noch kein Thema waren, seien stets die schönsten und größten Bäume ausgewählt worden. Bei den Peschs habe es früher immer eine blaue Edeltanne gegeben: „Die passte kaum in die Wohnung!", erinnerte sich Doro lachend. Sie selbst habe sich als Kind auch immer wahnsinnig schick gemacht. Wer Doro Pesch jemals auf der Bühne erlebt hat, wird sicher schmunzeln, wenn er sich ihre Erinnerung an „ein rosa Samtkleidchen" ausmalt. Selbst, nachdem sie vom Adventskalender mehrere Türchen auf einmal aufgemacht hatte, habe sie „ein total schlechtes Gewissen bekommen." Dass die temperamentvolle Rocksängerin früher ein sehr liebes Mädchen gewesen sein muss, bestätigte sich, als ich mich nach ihren Begegnungen mit Knecht Ruprecht erkundigte. Mit diesem düsteren Nikolaus-Begleiter konnte die weitgereiste Hardrockerin

auf Anhieb nämlich gar nichts anfangen. „In gewisser Hinsicht könnte man den kettenbehangenen, finster gekleideten Knecht Ruprecht als modischen Vorläufer der Metal-Bewegung bezeichnen“, hätte ich an dieser Stelle scherzen können, habe es aber gelassen, weil Doros Erinnerungen zu lebhaft aus ihr hervor sprudelten.
Mit ihrer Freundin sei sie früher in die Stadt gefahren, um die festlich dekorierten Schaufenster zu bestaunen und Geschenke für ihre Eltern zu besorgen, die sie damals auf eigene Faust vom Taschengeld kaufte, „um ihre Wertschätzung zu zeigen.“ Weihnachten sei damals eben noch „ein totales Fest“ gewesen, erinnerte sie sich, mit ganz leiser Nostalgie. „Sehr kostbar“ habe alles ausgesehen, antwortete sie auf meine Frage nach dem weihnachtlichen Düsseldorf zu ihrer Kindheit. „Total edel, und gar nicht kitschig.“ An „riesengroße Krippen“ konnte sich die Sängerin erinnern, die sie als Kind gerne angucken ging. Sie erinnerte sich noch sehr gut an das Gefühl, an „etwas ganz Wertvollem“ teilzuhaben.
Zauberhaft ging es dann Heiligabend zu, wenn die Wohnzimmertür geschlossen wurde und Doros „Mom“ ihr sagte, dort seien nun „die Engelchen drin.“ Sie gestand mir, damals durch's Schlüsselloch geguckt und tatsächlich Engelchen gesehen zu haben, die zwischen dem Funkeln und Glitzern des Weihnachtsbaumes eine

Carrera-Bahn aufgebaut haben mussten. „Einige Autos fuhren schon, als ich dann ins Zimmer durfte", erinnerte sich die Sängerin mit Strahlen in den Augen. Erst im Bravo-Alter hätten sie einige „Jungens" über die Nicht-Existenz des Christkindes aufgeklärt. Doro sagte, sie sei „erschüttert und traurig" gewesen und habe „gehofft, dass die sich irren."

Am Weihnachtsabend gab es meistens Sauerbraten zu essen. „Aber nicht vom Pferd", wie im Rheinland häufig üblich, betonte Doro, „dann wäre der Ofen nämlich aus gewesen ...!" Und auch kein Federvieh habe es gegeben, wie in den USA sehr verbreitet, sondern eben einen ganz normalen Sauerbraten. Den hatte ihre Mutter auch gemacht, als Doro mit ihrer Band zum Weihnachtsbesuch in Düsseldorf war. Dort hätten „die harten Männer mit den langen Haaren" nicht nur „Panik in den Augen" angesichts der echten Kerzen am Weihnachtsbaum bekommen – in den USA darf man alleine nicht mal ein Feuerwerk entzünden – sondern hätten darüber hinaus auch beim Sauerbraten nicht fassen können, dass dieser ohne Ketchup gegessen werden solle. In Amerika läuft Weihnachten eben anders ab. Doro, die in New York ihren zweiten Wohnsitz hat, berichtete, dass der Heilige Abend dort gänzlich ausfalle. Am 25sten treffe man sich dann mittags zum Essen; alle seien dann noch von den

letzten Weihnachtsbesorgungen im Gedrängel der Einkaufstraßen gestresst, und von der Jagd auf einen letzten Truthahn, der dort vorrangig von Männern zubereitet wird und vor Weihnachten schnell ausverkauft sei.
Ihre Geschenke bringt sie heute entweder von ihren Reisen aus der ganzen Welt mit, oder rennt auch „schnell noch am letzten Tag los", denn mit dem musikalischen Erfolg kam auch der Stress.
Ihre Jugend im Düsseldorfer Stadtteil Oberrath sah dagegen noch beschaulicher aus. Als sie etwas älter war, berichtete Doro, „war es Brauch, sich an Heiligabend mittags in der Altstadt zu treffen." Der kleine Platz an der Mertensgasse, „gegenüber der Zwiebel", sei der „Treffpunkt zum Vorfeiern" gewesen. „Es war schön, sich da zu treffen", rief sich Doro in Erinnerung. In tiefer Verbundenheit habe man sich „umarmt und zugeprostet". Sie selbst habe aber nie getrunken, da sie „noch alle nach Hause fahren musste." Für den einen oder anderen schienen dagegen schon weit vor der familiären Zusammenkunft die Lichter aus-, beziehungsweise die Lampen angegangen zu sein. Dennoch herrschte „eine liebe Stimmung", die schon damals belegte, dass Rockmusik und Weihnachten gut zusammenzupassen scheinen.
Schon seit Jahren geht die Musikerin ab Mitte Dezember auf eine spezielle Weihnachtstournee. „Zu Weihnachten

sind alle gut drauf", erklärte Doro und berichtete von einer „ganz speziellen Stimmung"; sie spiele dann mehr Balladen als sonst und mit verstärktem Orchester. Viele Alleinstehende, auch junge Leute, kämen dann gerne, um gemeinsam zu feiern. „Das sieht immer wild aus, ist aber sehr gefühlvoll", betonte Doro, die mit ihrer herzlichen Ausstrahlung selbst veranschaulicht, dass sich hinter Pyrotechnik und Gitarrenkreischen auch sehr viele Emotionen verbergen. Der heimliche Hang zu Hymnen offenbart sogar eine besondere Eignung dieser Musikrichtung für feierliche Klänge. Beweise dafür liefern, neben zahlreichen X-mas Metal Meetings, sowohl der Erfolg von Liedern wie „White Christmas", das Doro Pesch mit der amerikanischen Hard-Rock-Band Twisted Sister aufgenommen hat, als auch die Besucheranstürme des „Heavy Christmas Meeting" in der Düsseldorfer Philipshalle, bei dessen Premiere Doro Pesch als Headliner auftrat.

Dass sie sogar ihre Jubiläumskonzerte in Düsseldorf möglichst auf den 13ten Dezember legt, wie 2003, zum 20jährigen Bandbestehen in der Philipshalle, und 2008, anlässlich des 25sten Jubiläums im ISS-Dome geschehen, hat zwei Gründe. Der erste ist, dass die Dreizehn Doros Lieblingszahl ist. Ein zweiter, nicht zu unterschätzender

Grund ist der einzigartige Düsseldorfer Weihnachtsmarkt, der dann bereits eröffnet ist. Dorthin, erzählte mir Doro, habe sie ihre Band auch schon geschleppt. „Aber nach zwei Bechern“, lachte sie, „waren schon alle betrunken!“

E wie Erzgebirge

Heute teilt Düsseldorf mit seiner Partnerstadt Chemnitz weitaus mehr Gemeinsamkeiten, als das Vorkommen des jeweils heimischen Flusses im Städtenamen. Als die deutsch-deutsche Partnerschaft am 13. April 1988 besiegelt wurde, hieß Chemnitz jedoch noch Karl-Marx-Stadt und war von der Bundesrepublik Deutschland durch eine Grenze abgeteilt.

Bei den Vorbereitungen für dieses Buch fiel mir auf, dass ich trotz ausgeprägten Interesses für das einst geteilte Land keinerlei Vorstellung davon hatte, wie und ob das Weihnachtsfest in der DDR überhaupt gefeiert worden war. Ich beschloss kurzerhand, meine Freundin Sandy, die in der Nähe der damaligen Karl-Marx-Stadt aufgewachsen ist, über ihre Kindheitserinnerungen an Weihnachten zu befragen, und war höchst gespannt, was sie mir erzählen würde. Mein einziger Anhaltspunkt war zu diesem Zeitpunkt das prekäre Leitwort „Jahresendfigur“, welches ich mit möglichst lässiger Selbstverständlichkeit einfließen ließ, um das Gespräch damit zu eröffnen.
Es zeigte sich, dass sich die „geflügelte Jahresendfigur“ offenbar durchgesetzt hatte, aber nur in den irrigen An-

nahmen westlicher Lexika! Sandy hatte diesen Ausdruck noch nie gehört. Zwar war es eine Ostberliner Satirezeitschrift, der Eulenspiegel, die diese Neubenennung des Christkindes erfunden hatte, jedoch in der Absicht, die ostdeutsche Behördensprache zu karikieren. In der Bevölkerung hat sich diese Wortschöpfung nie etabliert. Lediglich im Behördendeutsch der DDR wurden die Weihnachtsfeier und das Weihnachtsgeld als „Jahresendfeier" und als „Jahresendprämie" bezeichnet. Als ich Sandy, unter Einsatz meines taktischen Ermittlungsgeschicks, daraufhin unverfänglich fragte, wer denn damals die Geschenke gebracht hätte, strahlte sie mich an und sagte, sehr selbstverständlich: „Ja der Weihnachtsmann!" Schon leicht angegilbte Familienfotos lieferten den Beweis eines ausgelassenen Familienfestes, inklusive geschmücktem Baum, Onkel im Weihnachtsmannkostüm und Geschenken. Als meine Freundin dann auch noch mit leisem Dialekt aufsagte: „Lieber guter Weihnachtsmann, schau mich nicht so böse an, stecke deine Rute ein, ich will auch immer artig sein", schwante mir, dass es scheinbar keine erwähnenswerten Eigenheiten des sozialistischen Weihnachtsfestes gegeben haben wird. Weniger Kirche und weniger Geschenke – auf diese Kurzformel lassen sich die Unterschiede bringen. Bei dieser Quintessenz ist jedoch anzumerken, dass die kirchliche

Bedeutung für das Weihnachtsfest auch im Westen stetig abgenommen hat; natürlich ohne sozialistische Programmatik, aber durchaus in deren Sinne. Die ostdeutsche Konsumzurückhaltung war wiederum kein bewusst gewähltes Verhalten, also längst keine Erscheinung, die nur an Weihnachten zu Tage trat, sondern bekanntlich ein ganzjähriges Problem des Warenmangels. Mich an dieser Stelle nun ausgiebig über kleine, gummiartige Kuba-Orangen und knitteriges Staniol-Lametta auszulassen, brächte mich nicht nur in die fatal-verfehlende Nähe der geflügeten Jahresendfigur, sondern würde eine ganz andere, tradionelle Besonderheit dieser Region außer Acht lassen: die berühmten, weihnachtstypischen Drechselarbeiten aus dem Erzgebirge.
Die spannende Geschichte dieser Region beginnt mit dem Reichtum ihrer silberhaltigen Erzlagerstätten und reicht bis ins Mittelalter zurück. Damals siedelten Bergleute aus dem Harz ins Erzgebirge über, um neben dem Silber auch Zinn, Eisen, Blei und Nickel aus den Bergen zu fördern; bis zum 16ten Jahrhundert hatte sich das Erzgebirge zum Zentrum des Bergbaus in Mitteleuropa entwickelt. Einige hundert Jahre später waren diese ergiebigen Bodenschatzbestände jedoch erschöpft und die ansässigen Bergmänner gerieten in bittere, wirtschaftliche Not.

Ein Kunsthandwerk, dem die tüchtigen Bergleute zuvor in ihrer Freizeit nachgegangen waren, sollte sie aus ihrer Armut retten. Die im Famlienbetrieb entstandenen, einfallsreichen Schnitz- und Drechselarbeiten aus dem Holz der umgebenden Wälder, wurden notgedrungen auf den (Weihnachts-) Märkten der benachbarten Städte feilgeboten und dort äußerst gut angenommen. Schon 1868 waren in der Umgebung von Chemnitz, das sich am Nordrand des Erzgebirges befindet, bereits rund 50 Orte für die Herstellung von Holzspielzeug bekannt. Zwei tradionelle Figuren verweisen bis heute, zwischen den überregional bekannt gewordenen Räuchermännchen und Nußknackern, nicht nur auf ihren spezifischen Ursprung, sondern haben in der Vorweihnachtszeit eine ganz besondere Funktion. Der hölzerne Engel und Bergmann, von denen hier die Rede ist, halten beide Kerzen in ihren Händen und werden zur Adventszeit ins Fenster gestellt. Für jede Tochter einen Engel, für jeden Sohn einen Bergmann. Auf diese Weise wurde einerseits angezeigt, wie viele Kinder eine Familie hat und zudem für alle sichtbar, wie diese allmählich wuchs. Es gehörte nämlich einst zur traditionellen Pflicht eines jeden Erzgebirgers, für sein Kind, je nach Geschlecht, einen Engel oder Bergmann zu schnitzen, wenn er Vater geworden war.

Auch der erzgebirgische Schwibbogen erinnert noch heute an die finstere Bergbauzeit in den Wintermonaten, in der die Arbeiter oft wochenlang kein Tageslicht zu sehen bekamen. Mit den hell leuchtenden Halbbögen wurde ihnen nicht nur der sichere Weg nach Hause gewiesen, sondern auch der starken Sehnsucht nach Licht und trauter Geborgenheit entsprochen.
Die erzgebirgischen Drechselarbeiten sind längst untrennbar mit ihrer Herkunft verbunden; sie waren ein großer Exportartikel der DDR und sind bis zum heutigen Tag ein unverwechselbares Erzeugnis der Region. Rund um das Chemnitzer Rathaus schmücken inzwischen mehr als 200 Stände den Weihnachtsmarkt der Düsseldorfer Partnerstadt. Neben allerlei weihnachtlichen Leckereien gibt es dort weiterhin jedes Jahr vor allem traditionelle, erzgebirgische Volkskunst zu kaufen. Die gekonnt geschnitzen Weihnachtspyramiden drehen sich, wie schon vor 200 Jahren, durch die aufsteigende Wärme der Kerzenflämmchen angetrieben. Und so, wie sie sich bereits über Jahrzehnte der Umbenennungsbestrebungen in „Kerzendrehtürme" hinweggesetzt haben, werden sie sich wohl auch in Zukunft, majestetätisch wie kunstvoll, mit dem Rad der Zeit einfach weiterdrehen.

F wie Firlefanz

Eine Weihnachtsglosse.

Es gibt Menschen, denen nachgesagt wird, sie könnten nichts wegwerfen. Das ist nicht wahr, entgegnen diese Menschen, natürlich würden sie Müll entsorgen wie jeder andere auch. Nur divergieren dabei die Ansichten, was genau unter den Begriff Müll zu fassen ist. Die einen entsorgen umgehend alles, was sie nicht mehr brauchen. Die anderen jedoch überprüfen jeden Gegenstand zunächst daraufhin, ob sie ihn nicht irgendwann doch noch einmal brauchen könnten. Weihnachtliches Geschenkpapier, zum Beispiel, liegt im Sommer zugegebenermaßen nutzlos herum. Doch im Dezember freut sich der emsige Sammler seines großen Kartons, den er sicher verstaut im Keller weiß und vergisst zumeist die Zeit beim seligen Suchen in staubigen Schränken, die alte Dinge neu entdecken lassen. Dabei stößt er zum Jahresende erfahrungsgemäß auf eine Schachtel Osterkarten, deren Existenz ihm bis dato nicht mehr gewahr war. Ich zähle selbst zu diesen Menschen, die sich der Fähigkeit erfreuen, selbst im lausigsten Laub noch ein Blatt aufzustöbern, das wert wäre aufgehoben zu werden. Mein großartiger Opa hat einen geheimnisvollen Keller, aus dem er bis heute Erstaunliches hervor zu holen vermag.

Vor vielen Jahren war das schwarze Armband meiner ersten Uhr zerrissen, was für mich als Kind einer Katastrophe nachkam. Mein Opa verschwand in den Keller, werkelte, klopfte, schnitt und hämmerte und als er wiederkam, präsentierte er mir freudestrahlend meine reparierte Uhr. Er hatte mir ein neues Armband gebastelt, das er aus der Lederhülle eines alten Taschenkalenders ausgeschnitten und zurecht geschneidert hatte. Das ist keine nostalgische Verklärung, sondern wirklich geschehen, und dessen ungeachtet waren wir auch nicht arm, als ich ein Kind war. Spätestens seit diesem eindrucksvollen U(h)r-Erlebnis zähle ich zu den Menschen, die viel Platz brauchen.

Einmal im Jahr gibt es ein Ereignis, das die meisten geladenen Gäste mit ratlosem Mitbring-Stress erfüllt, ein Ereignis, dem ich persönlich jedoch mit großer Gelassenheit entgegenblicken kann. Dann plötzlich wünscht sich jeder einen Fundus an Krempel, aus dem er das schrottigste Schmankerl zur zeremoniellen Belustigung bestimmen kann. Die Rede ist vom Schrottwichteln, auch bekannt als Ramschwichteln, Gammelwichteln,

Horrorwichteln, Ekelwichteln, Fieswichteln oder, an die skandinavischen Ursprünge angelehnt, Schrott-Julklapp oder Greuelklapp. Etwas, das derart viele Bezeichnungen erhalten hat, muss sich enormer Beliebtheit erfreuen.

Dieses vorweihnachtliche Ereignis ist eine abgewandelte Form des Wichtelns; ein anonymisierter Geschenkaustausch, der unter Arbeitskollegen und Freunden, in Vereinen, Schulklassen und mittlerweile sogar mittels Internetforen praktiziert wird. Bei der biederen Basisvariante wird im Vorfeld ausgelost, wer wen im Folgenden beschenken soll, und entsprechend kann gezielt eine nette, persönliche Kleinigkeit besorgt werden. Diese Kleinigkeit entwickelt sich nach meiner eigenen Erfahrung schnell zu einem großen Problem. Denn bei den Geschenken stehen in der Regel der individuelle Bezug und die Originalität des Geschenkes im Vordergrund, während der Warenwert gleichzeitig nicht zu hoch liegen sollte. Diese Vorgaben verhelfen neben allseits beliebten Badezusätzen und fragwürdigen Kaffeetassen zumeist den Dingen zur wichtelbedingten Hochsaison, die man gemeinhin als Kitsch, Nippes, Tinnef oder Tand bezeichnet. Da liegt der Gedankenschritt zu Ramsch, Gammel und Greuelklapp nah, nicht wahr?

Der Unterschied zwischen dem traditionellen und dem Schrott-Wicheln liegt hauptsächlich in der Intention der

Geschenkauswahl. Beim originären Wichteln werden die Tassen, der Tinnef und der Tand aus der nachvollziehbaren Hilflosigkeit heraus gekauft, für wenig Geld eine Kleinigkeit zu finden, die jemandem gefallen könnte, den man notgedrungen, losgezwungen bewichteln soll, obwohl man ihn selbst kaum kennt. Diese Wichtelpräsente werden anschließend von der einen Gruppe Mensch meistens umgehend weggeworfen, während die andere Gruppe Mensch den Krempel – auch ein wenig schuldbewusst – sowie vorausschauend aufbewahrt. Denn beim Schrottwichteln, welches das ursprüngliche Wichtel-Prozedere zusehends ablöst, sind genau diese Dinge wieder gefragt. Nun mit anderer Intention: Jetzt wird mit der Unliebsam- und Geschmacklosigkeit der Mitbringsel vollkommen offensiv verfahren. Je blöder, desto besser!

Die einstige Not, was man wohl verschenken könne, verwandelt sich in Freude, welchen Ramsch man zur kollektiven Erheiterung loswerden möchte. Feierlich eingepackt und in einen großen Sack gesteckt, entbehrt diese Form des Schenkens nicht nur jeglichen Einkaufsstresses, sondern führt darüberhinaus auch zu ulkigen Erlebnissen. Die Erwartung, irgendetwas Fürchterliches auszupacken, führt zu einer neuen Perspektive auf das, was man schließlich erhält. So war meine erste Erfahrung mit dem Schrottwichteln eine äußerst glückliche – nahezu ein kleines Weihnachtswunder. Wir saßen damals mit Freunden bei knisternder Feuerzangenbowle in festlich-neckischer Stimmung herum. Nach der ausgelosten Reihenfolge griffen dann alle in den Sack und rechneten mit nichts Gutem. Doch es zeigte sich, dass der vermeintliche Schrott aus individueller Sicht mitunter etwas höchst Erfreuliches darstellen kann. Nie hätte ich gedacht, dass meine gestifteten Engelsfigürchen aus Porzellan solch eine ehrliche Begeisterung bei der Beschenkten hervorrufen könnten. Und die vorherige Besitzerin des Schaf-Bilderhalters hätte auch sicher nicht erwartet, dass ich nach dem Auspacken ein glückseliges „Ohh!" ausrufen würde.

Im folgenden Jahr fassten übrigens ausnahmslos alle den Schrottbegriff enger und die Ausrufe beim Auspacken klangen plötzlich nach „Uuhhh". Doch selbst wenn die gemeinsame Freude hauptsächlich aus Schadenfreude besteht, hat dieses unabgesprochene Tauscherlebnis der besonderen Art noch immer einen speziellen Reiz, der nicht zu unterschätzen ist.

Ich habe bei diesem zweiten Schrottschock-Geschehen übrigens eine ausrangierte Elektropfanne aus dem Sack gezogen, die zwar funktionstüchtig war, deren Glasdeckel damals aber keinen Griff mehr hatte. Ich habe diese Pfanne immer noch, natürlich, und schon wunderbare Champignons darin gebraten. Es hätte mich auch sehr gewundert, wenn mein Opa in seinem Kellersortiment keinen passenden Deckelgriff gehabt hätte!

Rezept: Champignonpfanne à la Weihnachtsmarkt

Zutaten:

500 Gramm frische, kleine Champignons
200 ml Rahm
1 Bund Petersilie
1 Knoblauchzehe
etwas Gemüsebrühe oder Gemüsefond
1 große Zwiebel
Paprikagewürz
Salz und Pfeffer nach Bedarf
Sonnenblumenöl zum Braten

Die Champignons putzen, die Zwiebel würfeln und mit der geschälten Knoblauchzehe – vorzugsweise in einer Elektropfanne – mit etwas Sonnenblumenöl andünsten. Danach die kleinen, ganzen Pilze hinzufügen und kurz anbraten. Anschließend mit Gemüsebrühe, Paprika, der gehackten Petersilie, Salz und Pfeffer würzen, den Rahm dazugeben und ca. fünf Minuten bei reduzierter Hitze köcheln lassen.

G wie Geschenke

Das Missbilligen gegenwärtiger Zustände kennt eine lange Tradition. Im Wandel der Zeiten, die alte Bräuche modifiziert und bewährte Feiertage terminlich verschoben haben, hat sich nahezu alles verändert, bis auf eine konstante Überzeugung, nämlich die, dass früher alles besser war. Niemand drückt diese Paradoxie am Beispiel Weihnachten besser aus als Loriots Opa Hoppenstedt, wenn er lakonisch feststellt: „Früher war mehr Lametta."

Wunderbar, sollte man meinen, schließlich leben wir heute im Früher unserer eigenen Zukunft und könnten uns damit trösten, dass jetzt noch alles besser ist. Werfen wir nämlich einen kurzen Blick in die altehrwürdige Geschichte des Weihnachtsfestes, kann ich persönlich nur frohlocken, in dieser Epoche geboren zu sein, in der wir nun leben. Es ist schon ein ziemlicher Luxus, sich über ein alljährliches Überangebot an Geschenken aufregen zu können.

Bis ins 16te Jahrhundert gab es zu Weihnachten nämlich überhaupt keine Geschenke. Obwohl der 25ste Dezember als kirchlicher Feiertag seit 336 in Rom belegt ist.

(336 *nach Christus* zu betonen, ist in diesem Kontext so überflüssig, wie selten. Unsere gesamte, kalendarische Zeitrechnung geht schließlich auf jenen Tag zurück, um den es hier geht: Christi Geburt! Auch wenn neuerdings einige vorwitzige Atheisten erklären, die Abkürzung „n. Chr." stehe für „nach unserer Chronologie". So verändern sich auch die Bedeutungsauslegungen im Laufe der Zeit.) Doch zurück zu den Geschenken. Die gab es zunächst höchstens im Zuge der Gesindeordnung für das Dienstpersonal, in Form eines Weihnachtstalers, einiger Leinenlappen oder eines neuen Gewands. Bei den (Ab-) Gaben der Herrschaft an ihre Knechte und Mägde jedoch von Geschenken zu sprechen, verklärt die bittere Tatsache, dass diese Naturalien, neben Unterkunft und Logis, Teil ihres ohnehin dürftigen Lohns waren. Kein schöner Auftakt für das Fest der Liebe. Kein Wunder, dass Martin Luther mit seinem Vorhaben auf Anklang stieß, das gegenseitige Beschenken anlässlich der Geburt Jesu Christi einzuführen. Zwar hielten die Katholiken noch länger am Nikolaustag als dem Stichtag zur traditionellen Kinderbescherung fest, doch um 1900 hatte sich das Christkind in ganz Deutschland durchgesetzt. Luther hatte übrigens dem katholischen Bischof Nikolaus als Gabenbringer einst einen gestaltlosen „Heiligen Christen" gegenüberstellen wollen, den die Bevölkerung

dann kurzerhand zum Christkind transformiert hat. Vielleicht fiel die Vorstellung einfach leichter, von der bereits geläufigen, kindlichen Engelsgestalt Geschenke überbracht zu bekommen, als von einer blassen, diffusen Kunstfigur?

Weihnachten entwickelte sich jedenfalls im Laufe der Zeit zusehends zum Familienfest des Bürgertums. Während sich das Weihnachtsfest bis ins 16te Jahrhundert durchaus öffentlich abspielte, in den Kirchen und Straßen der Städte, verwandelten sich die Feierlichkeiten im 19ten Jahrhundert zu einer häuslich-familiären Veranstaltung, ganz im Sinne der damals erstarkten, bürgerlichen Kernfamilie. In diesem Zuge wurden auch die bindungsförderlichen Geschenke aufgewertet, indem sie kurzerhand an die Gaben der Drei Heiligen Könige erinnern sollten, und daran, dass der liebe Gott uns Menschen an diesem Abend sogar seinen eigenen Sohn geschenkt hatte. Nun sollte man meinen, dass es fortan besser wurde. Wurde es aber nicht. Denn just zu der Epoche, deren Bezeichnung „Aufklärung" im vorliegenden Kontext fast ironisch erscheint, entdeckten findige Pädagogen die enorme Kraft bevorstehender Geschenke auf den Gehorsam unartiger, bzw. unvernünftiger Kinder. Vernunft wurde seinerzeit bekanntlich groß geschrieben und zur Not mit der Rute erzeugt. Diese entpuppte sich dann als schöne Bescherung für all jene Kinder, die zuvor nicht brav gewesen waren. Apropos: Der Struwwelpeter entstand 1844 aus der vergeblichen Suche des Arztes Heinrich Hoffmann nach einem Weihnachtsgeschenk für seinen damals dreijährigen Sohn Carl. Da er zwischen den damals populären, belehrenden Moralbüchern für Kinder nichts finden konnte, was ihm altersgerecht erschien, zeichnete er schließlich jenes bekannte Werk, das sich bis heute großer Beliebtheit erfreut – wenngleich die Vorstellungen von dem, was kindgerecht ist, in der Zwischenzeit erneut geringfügig überholt wurden. Mit verständlichen Worten erklärte Hoffmann direkt zu Beginn seines Struwwelpeters jenes Prinzip, das als Erziehungsgrundsatz längst gang und gäbe war:

„Wenn die Kinder artig sind,
kommt zu ihnen das Christkind;
wenn sie ihre Suppe essen
und das Brot auch nicht vergessen,
wenn sie, ohne Lärm zu machen,
still sind bei den Siebensachen,
beim Spaziergehn auf den Gassen
von Mama sich führen lassen,
bringt es ihnen Guts genug
und ein schönes Bilderbuch.“

Im Biedermeier, einer Zeit, die den Kindergehorsam auf die Spitze getrieben hatte, wurden die Geschenke gar hoch oben im Weihnachtsbaum platziert, damit die Kinder von alleine ja nicht drankommen konnten. Zwar waren die Menschen damals durchschnittlich noch etwas kleiner, die Weihnachtsbäume aber gewiss nicht stabiler aufgestellt, so dass man vage Rückschlüsse auf die Beschaffenheit und Größe der Geschenke ziehen darf. Und die Erwachsenen? Bekamen überhaupt keine Geschenke, da es in jenen eingeschüchterten Jahren des Wohlverhaltens offensichtlich keinen weiterführenden Bedarf an Bestechungsgütern gab. Wertvolle Präsente bekamen ohnehin nur die Kinder aus Familien des Adels, der Fürsten und reicher Bürger, obwohl im 19ten Jahrhundert bereits eine stattliche Spielwarenindustrie existierte. Die Entwicklung der Dampflokomotive und schneller Überseeschiffe hatte den Gütertransport zu diesem Zeitpunkt zwar schon beschleunigt, aber an eine weihnachtsgeschäftliche Massenproduktion unseres heutigen Ausmaßes war noch nicht zu denken. Es sollte noch Jahrzehnte dauern, bis das Tragvermögen der Bäume auch jenseits pädagogischer Anliegen würde kapitulieren müssen, und eine Fülle von erschwinglichen Waren fortan unter den Weihnachtsbäumen ausgebreitet werden konnte.

„Die Grundideen vieler Kinderspielzeuge sind bis heute

gleich geblieben", erklärt Cornelius Kolmstetter, direkter Abkömmling des Traditionshauses Lütgenau, „nur die technischen Möglichkeiten haben sich weiterentwickelt." So spiegeln Spielzeuge die Fortschritte einer Zeit auch im Kleinsten wieder. Nachdem erste Versuche gleisloser Dampfwagen gescheitert waren, gab es Ende des 19ten Jahrhunderts erste, richtige Uhrwerk-Eisenbahnen, die durch eine mechanische Spirale angetrieben wurden. Kurz darauf kamen dampfbetriebene Loks, mit Wagen und Gleisen auf den Markt. Es verwundert nicht, dass auch die Modellbahnen mit Elektromotoren nicht lange auf sich warten ließen. Heute werden hochkomplexe, computergesteuerte Schienennetze mit der „Grundidee" befahren, die einst als Holzschiebebahn die Herzen zumeist kleiner Jungen hüpfen ließ. Auch bei Plüschtieren, weiß Cornelius Kolmstetter zu berichten, haben sich mit der Zeit neue Stoffmaterialien durchgesetzt, welche leichter waschbar sind und die einstige Holzwolle-Füllung abgelöst haben; doch auch die Grundidee des Teddybärs sei seit jeher gleich geblieben. Dem Klischee der Gameboy-gehirngewaschenen Generation setzt der erfahrene Spielzeughändler entgegen, dass, obwohl Technik und Computer in alle Lebensbereiche Einzug erhalten hätten, das Interesse an klassischen Spielzeugen durchaus gleich geblieben sei. Spiele, mit denen sich Realität nachspielen ließe, wie der gute alte Kaufladen oder Aufstellfiguren jeglicher Art, seien unverändert gefragt. Trotz 9000 neuer Artikel pro Jahr, die in hochprofessionellen Katalogen zur Vorweihnachtszeit präsentiert werden, ist auch trotz Abwandlungen bei vielen Neuerscheinungen die ursprüngliche Struktur eines klassischen Gesellschaftsspieles noch erkennbar und „Spitz, pass auf!" ein unveränderter Renner. Auf die Frage, in welche Richtung sich das Spieleangebot denn aktuell entwickele, gibt Kolmstetter eine einleuchtende Antwort: Da es in Deutschland immer weniger Kinder gibt, verlagerten die Spielehersteller den Schwerpunkt auf den Erwachsenenmarkt; Spiele würden inzwischen in unterschiedlichen Schwierigkeitsstufen für verschiedene Altersklassen herausgebracht.

Natürlich ist es neckisch wie unmöglich, den Wert der Vergangenheit nach der Qualität der weihnachtlichen Bescherung zu bemessen. Doch wenn ein nörgeliger Anverwandter während des weihnachtlichen Beisammenseins meint, früher sei alles besser gewesen, so könnte man ihn postpädagogisch daran erinnern, dass es früher für Erwachsene überhaupt keine Geschenke gab. Und für lamentierende Erwachsene schon gar nicht.

Ein trauriger Trend unserer Zeit setzt sich darin fort, dass nur wenige Monate vor Erscheinen dieses Buches auch das 1876 eröffnete Spielwaren-Fachgeschäft Lütgenau endgültig schließen musste. Das mittelständisch geführte Traditionshaus stand 134 Jahre lang für fachkundige, persönliche Beratung und ein liebevoll ausgewähltes Sortiment. Viele Düsseldorfer blicken mit Wehmut auf den Verlust des Spielzeugladens im Herzen der Innenstadt, in dem schon ihre Urgroßeltern Geschenke für die ganze Familie gekauft hatten.

H wie Hausbrauerei

Amerikanische Kinder glauben, der Weihnachtsmann wohnt am Nordpol. Düsseldorfer Kinder könnten glauben, der Nikolaus lebt im Uerige.

Denn seit mehr als dreißig Jahren begibt es sich, dass ein bärtiger Mann im bischöflichen Gewand in Begleitung zweier Hans Muffs durch Düsseldorfs Altstadtgassen fährt und Weckmänner verteilt. Sein Weg führt ihn dabei auch an der Kinderkrebsklinik vorbei, deren kleine Patienten ihn dann bereits aufgeregt am Haupteingang erwarten. Die beiden finsteren Begleiter des Nikolaus zeigen sich stets von ihrer freundlichen Seite. Sittsam und lächelnd tragen sie die mit Weckmännern und Lebkuchenherzen proper gefüllten Säcke durch die Station und lassen kein einziges Kind ohne Geschenk zurück. Auch wenn der Nikolaus zum strahlenden Nikolausdorf vor dem Rathaus fährt, wo er naturgemäß ebenso jedes Jahr anzutreffen ist, geleitet ihn ein abenteuerliches Gefährt, auf dem in schokoladenbraunen Buchstaben „Uerige“ geschrieben steht. Wenn dann auch noch in der gleichnamigen Hausbrauerei an der Bergerstraße ein weihnachtlicher Kinderchor ertönt und weitere Weckmänner verteilt werden, ist eines klar: Die echte Heimat des Nikolaus ist der Uerige. „Das Lokal ist dann immer voll wie samstagabends!“ berichtet Uerige-Baas Michael Schnitzler, seineszeichen Sohn des Nikolaus, welcher – pssst! – in legendärer Strickjacke auch als Braumeister und Senior-Baas Josef Schnitzler stadtbekannt ist. In dem traditionsreichen Patrizierhaus wurde schon 1862 erstmals Bier ausgeschenkt, am 1. Januar 1976 übernahmen Christa und Josef Schnitzler den Uerige. Am Beginn seiner Nikolauskarriere steht die mangelnde Alternative. Der Wunsch war da, aber „niemand, der es machen wollte“, so Michael Schnitzler. Also zog der Nikolaus kurzerhand im Uerige ein.

I wie Israel

Obwohl sich keine andere Partnerstadt Düsseldorfs geographisch näher am überlieferten Geburtsort Jesu Christi befindet, liegt es längst nicht nahe, mit idyllischen Weihnachtsfeierlichkeiten in Haifa zu rechnen. Meine Nachfragen, wie ich mir die Weihnachtszeit in Israels drittgrößter Stadt, mit der Düsseldorf seit 1988 städteparterschaftlich verbunden ist, vorzustellen hätte, gestalteten sich als sehr schwierig. „Schreib doch besser über Bethlehem!“, lautete der hilflose Vorschlag, den ich von einer israelkundigen Gesprächspartnerin bekam. Zu kompliziert, zu verworren und heterogen ist die Lage im multikulturellen Israel. Die Küstenstadt Haifa ist bekannt für den größten Hafen des Landes, ihre technologische Hochschule „Technion“, einen pulsierenden Strand sowie das Weltzentrum der Bahai. Liebe Güte, das hat mit Weihnachten wahrlich wenig zu tun!
In Israel, wo auf einer Fläche von rund 22.000 Quadratkilometern, was in etwa der Größe von Hessen entspricht, mehr als sieben Millionen Menschen im Spannungsfeld verschiedener Kombinationen von Religion und Nationalität seit Jahrzehnten nebeneinander leben, gehören Auseinandersetzungen zum Alltag. Was längst

zum tragischen Allgemeinwissen über diese Region zählt, sind die anhaltenden, blutigen Unruhen. Vor dem Hintergrund dieser gewalttätigen Konflikte zwischen Israelis, Hamas, Hisbollah und Israel erschien es mir selbst kurzzeitig unerhört deplatziert, die Welt mit meinem Weihnachtsthema zu belästigen. Doch dann las ich etwas, das mich hoffen lies.

Haifas Bürgermeister Yona Yahav hat nämlich einmal gesagt, Haifa sei die „langweiligste Stadt Israels“. Ihre Einwohner lebten in einer Stadt ohne Geschichte und deshalb funktioniere alles ganz normal. Mit „ganz normal“ verwies Yahav auf die Selbstverständlichkeit von Toleranz und Offenheit. Tatsächlich gilt die Stadt Haifa gesellschaftlich als die liberalste des Landes. Ihre 270.000 Einwohner leben trotz fünf verschiedener Religionszugehörigkeiten (Juden, Christen, Moslems, Drusen und Bahais) zumeist in Harmonie zusammen; in Hafia befindet sich sogar das Weltzentrum der Bahai-Religion. An einem Ort, welchen weder Moses, noch Jesus oder Mohammad jemals betreten haben, gelingt die Völkerverständigung offenbar am besten. Anders als im übrigen Israel fahren in Haifa am Sabbath auch öffentliche Verkehrsmittel. Der Anteil der nicht-jüdischen, arabischen Bevölkerung wird auf etwa zehn Prozent geschätzt, je zur Hälfte christlichen beziehungsweise muslimischen Glau-

bens. Anders als in anderen Städten leben diese Araber und Juden jedoch in Haifa häufig im gleichen Haus. Lohnt es sich vielleicht doch nachzuhaken, was in Haifa während der Weihnachtszeit geschieht?
Es es lohnt sich. Denn in Haifa gibt es seit 1994 eine außergewöhnliche Tradition des vereinten Feierns, das sogenannte „Fest der Feste". An jedem Wochenende von Ende November, also von Chanukka-Beginn bis zum orthodoxen Weihnachtsfest Anfang Januar, wird in Haifa ein buntes Festival zelebriert. Wenn der Kalender es zulässt, werden dann das jüdische Lichterfest, christliche Weihnachten und der islamische Ramadan gleichzeitig begangen. Im Wadi Nisnas, einem arabischen und ältesten Viertel der Stadt, schlemmen, singen und feiern dann Menschen unterschiedlichster Konfessionen an vier Samstagen im Dezember gemeinsam. Wenn sich bei sommerlichen Temperaturen Tausende Besucher durch die belebten Gassen drängeln, vorbei an kostümierten Schaustellern und luftballongeschmückten Buden, wo Zuckerwatte, arabischer Kaffee, Falafel und frisch gepresster Orangensaft verkauft werden, bietet sich diesen Gästen eine phantastische Fülle verschiedenartigster Güter, in deren Mitte sich fürwahr aufblasbare Weihnachtsmänner, Schokolade und Plätzchen zu jüdischen Speisen und arabischen Desserts gesellen. Mehrere Kunstausstel-

lungen, organisiert vom arabisch-jüdischen Zentrum Beit Hagefen, begleiten die Feierlichkeiten. Die Kunstwerke sind während des Festivals sowohl in Galerien ausgestellt, als auch in einigen Straßen des Wadi Nisnas, welche über den „Pfad der Koexistenz" zu erreichen sind, der durch gelbe, aufs Pflaster gemalte Fußstapfen gekennzeichnet ist.

Kritiker empfinden dieses heitere Festival als Farce, angesichts der mehrfachen Sprengstoffanschläge, die sich im angebrochenen Jahrtausend auch in Haifa ereignet haben. Natürlich gibt es auch in der Küstenstadt Konflikte, beispielsweise zwischen den dort lebenden christlichen und moslemischen Arabern. Doch genau darum geht es, diesem Terror ein Zeichen entgegen zu setzen. So wurde auch das im Oktober 2003 vollständig zerstörte Restaurant „Maxim", ein symbolträchtiger Ort für das Miteinander seiner jüdischen und christlich-arabischen Eigentümer, binnen weniger Monate wiederaufgebaut und neueröffnet. In einem krisengeschüttelten Land, dessen gespaltene Einwohner sich in beiden Sprachen, auf Hebräisch und auf Arabisch mit dem Wort „Frieden" begrüßen – „Schalom" beziehungsweise „Salam" – hat das Dennoch eine besondere Bedeutung. Und Haifa setzt eindeutige Zeichen, die hoffen lassen. Auch an Weihnachten.

J wie Jolka

An welchem Tag ist Weihnachten? Der globalisierte Mensch von heute weiß sofort, diese Frage lässt sich nicht pauschal beantworten. Zumal es ja auch mehrere Weihnachtsfeiertage gibt; aber gut, gilt die Frage dem Datum der entschlossensten Zelebration, wäre unsere Antwort klar. Wir feiern am 24sten, das weiß doch jedes Kind, schließlich endet dann der Adventskalender. Aber die Italiener, Franzosen und Spanier feiern beispielsweise erst am 25sten und andernorts kann das sicher noch ganz anders sein. Wie das eigentliche Fest in konkreter Ausgestaltung abgehalten wird, mag dabei sehr verschieden sein, aber einen internationalen Nenner muss man einräumen: Weihnachten steht und fällt mit der Bescherung. Die große Geschenkübergabe markiert nicht nur den Höhepunkt des mehrtägigen Drumrums, sondern wird weltweit wohl auch als wichtigstes Weihnachtsereignis exakt datiert werden können. So weit, so einig.

Würden wir diese Frage – an welchem Tag ist Weihnachten – aber zufällig ausgewählten Passanten in der Düsseldorfer Partnerstadt Moskau stellen, so könnten uns die Antworten dennoch verblüffen. Denn in Moskau gibt es selbst bei der Frage nach dem zentralen Weihnachtstag in Moskau keinerlei Einhelligkeit. Was ist denn da bloß passiert?!

Grob gesagt, dem uns bekannten „Heiligabend“ sind in Russland gleich zwei Dinge in die Quere gekommen: Erstens eine Kalenderreform und zweitens ein Regime.

Der Hintergrund ist sehr verworren und verlangt einen kurzen Abstecher in die Geschichte, der erneut überrascht. Blicken wir nämlich auf den Ursprung der kalendarischen Verwirrung, steht dort tatsächlich der Osterhase. Die Terminfindung des christlichen Osterfestes, auf deren Komplexität in einem Weihnachtsbuch einzugehen zweckwidrig wäre, war mit der Zeitrechnung des ehemals gültigen Julianischen Kalenders zusehends problematischer geworden, so dass Papst Gregor XIII. veranlasste, im Jahre 1582 zehn Tage zu überspringen. Und was der Papst anordnete, wurde umgesetzt. Jedenfalls in den besonders römisch-katholischen Ländern sofort. Die meisten anderen Länder wurden mit der Zeit und ihren Erschwernissen durch die kalendarischen Rechenaufwände mürbe. So wurde Anfang 1918 auch in Russland der gregorianische Kalender eingeführt. Drei Schaltjahre hatten zwischenzeitlich dafür gesorgt, dass die anfängliche Differenz auf dreizehn Tage angestiegen war. Doch die orthodoxe Kirche weigerte sich widerstandsfähig, den neuen Kalender anzunehmen und feierte Weihnachten weiterhin am 25sten Dezember, allerdings fiel dieses julianische Datum auf den siebten Januar in gregorianischer Zeitrechnung – dreizehn Tage weiter. Die schwierige Frage nach dem nun gültigen Weihnachtstag stellte sich damals jedoch nicht akut, denn der Kalenderreform war eine Revolution vorausgegangen, deren bolschewistische Machtergreifer das Weihnachtsfest kurzerhand zugunsten sozialistischer Feiern abgeschafft hatten.

Die Verbannung des Weihnachtsfestes setzte schon bald eine enorme Kreativität frei. Ob nun der Weihnachtsmann und das Christkind die Geschenke bringen, oder ein bärtiger Mann namens Väterchen Frost, der von dem liebreizenden Schneemädchen „Snegurotschka" begleitet wird – Hauptsache, sagte sich die russische Festtagsfreude, es darf weiterhin fröhlich gefeiert und geschenkt werden. Im Zuge der feierlichen Umgestaltung war es dann auch nicht mehr aufsehenerregend, sich terminlich neu zu orientieren und die einstigen Weihnachtsfeierlichkeiten auf den Neujahrstag zu verlegen. Fortan stellten die Russen ihre geschmückten Tannenbäume eben nicht mehr zu Weihnachten, sondern zum Jahreswechsel auf. Geboren war das Jolka-Fest, mit Väterchen Frost, Schneeflöckchen und vielen Geschenken. Warum Jolka? So klingt das Wort Tanne (aber auch Weihnachtsbaum!) auf Russisch. Bis heute hat sich die Tradition erhalten und das Jolka-Fest in der Silvesternacht gilt als das schönste Fest des Jahres, mit feierlichem Familienmahl – und Bescherung. Millionen von Glückwunschkarten und Päckchen werden zum Jahreswechsel verschickt. In fast jeder Stadt wird eine festlich geschmückte Tanne auf dem Hauptplatz aufgestellt. Der bekannteste, größte und prächtigste Tannenbaum steht jedes Jahr in Moskau auf dem Roten Platz. Während heute neben traditionellen Holzspielzeugen, Nüssen, Obst und Süßigkeiten, auch Lametta sowie vielfältiger Glas- und Lichterschmuck den Jolka zieren, hingen zu Sowjetzeiten einsame Clementinen an den Tannenbäumen, da Glaskugeln seinerzeit Mangelware waren.

Wahrscheinlich ist es Väterchen Frost zu verdanken, der in seiner Trojka geduldig über den Kommunismus hinweggeritten ist, dass nach Jahrzehnten der Unterdrückung das russische Weihnachten seit 1992 wiederbelebt werden kann. Auch der russischen Seele konnten die Vorkommnisse der Geschichte nichts anhaben. Was machen die klugen, feierlaunigen Russen nämlich heute? Feiern einfach zweimal. Das erste Weihnachten am 25sten Dezember, mitsamt der neuen gregorianischen Kalenderrechnung, das zweite Mal am siebten Januar, nach alt-orthodoxer Tradition. Diese gewiefte Taktik lässt sich ebenfalls beim Jahreswechsel anwenden. So begrüßen die Russen mit der doppelten Menge an Wodka auch das neue Jahr gleich zweifach; und zwar zum ersten Mal mit uns am 31sten Dezember, zwischen ihren beiden Weihnachtsfesten, sowie erneut am 13ten Januar, dem alten Julius sei's gedankt. Das russische Parlament hat vor einigen Jahren konsequenterweise die sogenannten nationalen „Weihnachtsferien" für die ersten beiden Januarwochen verabschiedet. Wenn wir in Deutschland also „zwischen den Tagen" sagen, bedeutet dies für unsere Moskauer Passanten just die Zeit zwischen *den* Tagen, an denen in Russland jeweils Weihnachten gefeiert wird. Und danach geht es noch fröhlich weiter!

K wie Krippenkult

Alte Straßennamen geben stillschweigend Auskunft über denkwürdige Ereignisse einer Stadt, oder über bedeutende Personen, die in ihr gelebt oder viel für die Stadt geleistet haben. Die Kaiserstraße in Pempelfort verdankt ihren Namen tatsächlich dem feierlichen Empfang Napoleon Bonapartes im damals dort ansässigen Wirtshaus „Zum Luftballon“. Und da, wo heute eine Statue des naseweis' wie -goldenen Schneider Wibbels sitzt, erinnert auch die gleichnamige Gasse an jene weltberühmte Theaterfigur, die der Feder des Düsseldorfer Dichters Hans Müller-Schlösser entsprang und im Sommer 1913 im Düsseldorfer Schauspielhaus Uraufführung feierte.
Dem einstigen Krippenbauer Toni Kryn gedenkt zwar ebenfalls ein Straßenname, doch schlummert seine Geschichte und Bedeutung für die Stadt im Verborgenen, ähnlich unbemerkt, wie auch der schmale Toni-Kryn-Weg in Gerresheim liegt. Wie wesentlich die Krippen in Düsseldorf über Jahrhunderte waren, ist heute nur noch wenigen bekannt. Wo kam dieser Krippenkult her und warum ist er in Vergessenheit geraten?
Am Anfang war das Wort. Genauer gesagt, ein weitreichender Vers im Lukasevangelium, der folgende, sym-

bolträchtige Szenerie festschrieb: „Und Maria gebar ihren ersten Sohn und wickelte ihn in Windeln und legte ihn in eine Krippe; denn sie hatten sonst keinen Raum in der Herberge." Von dieser Krippe, welche die Menschwerdung Jesu Christi klar und einfach versinnbildlicht, gab es schon sehr frühe, frühchristliche Abbildungen, häufig mit dem Jesuskind zwischen Ochs und Esel. Im Laufe der Jahrhunderte wurden verschiedene Figurengruppen hinzugemalt; schon im Jahr 500 gab es beispielsweise Abbildungen, auf denen die drei Weisen mit ihren Geschenken zu sehen waren. Im Jahr 1223 baute der heilige Franziskus von Assisi dann erstmalig eine Krippe mit lebenden Menschen und Tieren auf. Die eindringliche Kraft der räumlichen Darstellung war Assisi schon damals bewusst. Weit mehr als 750 Jahre, bevor gegenwärtige Performanztheoretiker das Phänomen der Inszenierung kulturwissenschaftlich untersuchen, errichtete Assisi ein lebendiges Bild der biblischen Szenerie, um eine deutlichere Vorstellung des Überlieferten zu erzeugen – und schuf damit eine ganz neue Art der weihnachtlichen Unmittelbarkeit. Der Weg dieser Krippen, welche im Folgenden immer häufiger in den Kirchen gezeigt wurden, bahnte sich von Italien, über Tirol nach Deutschland, wo sie mit der Zeit besonders im Rheinland, in Westfalen und Oberbayern heimisch wurden.

Selbst als sich im 19ten Jahrhundert das Weihnachtsfest verstärkt in den privaten Bereich verlagerte, stand die Krippe weiterhin im Mittelpunkt der katholisch-familiären Weihnachtsfeier. Ob aus Gips oder Ton geformt, gebrannt, bemalt oder geschnitzt, etablierten sich die Krippen zu einem immer unverzichbareren Symbol der Weihnachtszeit. Es entwickelte sich auch der Brauch, schon zu Beginn der Adventszeit mit der Errichtung zu beginnen und täglich eine weitere Figur hinzuzufügen, gekrönt vom Jesuskind am 24sten Dezember.

Während vor allem in protestantischen Kreisen der Weihnachtsbaum zu diesem Zeitpunkt immer größere Verbreitung fand, hielten die Katholiken – vielfach bis zur Mitte des 20sten Jahrhunderts – an ihrer Krippe fest. Das Magazin „Die Heimat“ berichtete im Dezember 1960 über das Weihnachtsfest zu Schneider Wibbels Zeiten, also um 1810: „Weihnachtsbäume wird es erst wenige in Düsseldorf gegeben haben, aber überall gab es Krippen. In Kirchen, in Häusern und sogar in panoramaartigen Schaustellungen, wie z.B. auf dem Karlstädter Markt (dem heutigen Karlplatz). Sie waren hier das, was heute die Märchenvorstellungen in Theater und Film für die Kleinen sind. Die Polizei passte höllisch auf, dass ihre „Erklärer“ dabei nicht in Hanswurstiaden ausglitten, was häufig vorgekommen ist.“

Welch besondere Attraktion die Krippen im medienarmen, winterlich-düstren Düsseldorf des 18ten Jahrhunderts ausgestrahlt haben müssen, ist heute nur noch schwerlich vorstellbar. Wenn man sich aber bewusst macht, dass schon 1750 erste mechanisierte Krippen aufgekommen waren, bei denen sich nicht nur die Hirten wie von Zauberhand näherten, sondern auch die Könige und Tiere bewegen konnten und sogar Maria ihre Hände lobpreisend gen Himmel zu heben vermochte, wird nachvollziehbar, was frühere Krippen für ein unvergleichliches Spektakel abgegeben haben. Schon 1787 bestaunten die Düsseldorfer an der Flingerstraße ein „Krippchen, auf dem sich Figuren bewegten und Bäche und Fontainen sprangen". So ist es nicht verwunderlich, dass der „Krippengang", also das etappenweise Besichtigen verschiedener Krippen, schnell zum festen Bestandteil des Düsseldorfer Weihnachtsbrauchtums wurde.

Im Jahr 1927 beobachtete Eduard Czwoydzinski: „Für die Kinder sind in den Kirchen die Krippendarstellungen Bilder von größter Anziehungs- und Eindruckskraft, und wie früher, so gehen auch heute noch an schönen Festtags- und Sonntagnachmittagen die Eltern mit den Kleinen zur Besichtigung der Krippen von Kirche zu Kirche. Als besonders sehenswerte Krippen darf man die

im Dominikaner – und besonders die Krippe im Franziskanerkloster bezeichnen."
Als mit Beginn der nationalsozialistischen Befehlsgewalt kirchliche Aktivitäten verboten wurden, begann ein Mann, sich mit seinen Freunden im Gerresheimer Untergrund für eine Erhaltung der langjährigen Krippenkunst zu engagieren. Sein Name war Toni Kryn. Als betagter Mann erinnerte er sich zurück, unter welchem Vorwand dies damals gelungen war: „Nachdem es in der NS-Zeit verboten war, in kirchlichen oder handwerklichen Gemeinschaften zu anderen als religiösen Zwecken zusammenzukommen, haben wir uns im Arbeiter- und Handwerkerverein einen Decknamen zugelegt. Wir gründeten den „Kegelclub" Tünnemann, um uns alle 14 Tage in der Gemeinschaft treffen zu können."
Diese Krippenbastelgruppe schickte schon während des Zweiten Weltkriegs kleine Krippen zu Soldaten an die Front. Aus der Vereinigung gingen später die „Krippenfreunde Sankt Margareta" hervor, welche heute mit rund 20 Mitgliedern ganzjährig tätig sind. Die jährliche Ausstellung im geschichtsträchtigen Saal des Stiftsgebäudes der Gerresheimer Basilika Sankt Margareta präsentiert zur Adventszeit, neben zahlreichen Ausstattungsteilen, über 150 Krippen verschiedener Größen und Stile. Obwohl die Krippenausstellung jedes Jahr unzählige Inter-

essierte anlockt – der stattliche Erlös wird übrigens anschließend wohltätigen Zwecken gespendet – hat sich in Düsseldorf inzwischen auch der heidnische Weihnachtsbaum großflächig durchgesetzt. Es wäre auch zugegebenermaßen schwierig, die beleuchteten Fenster, welche jährlich das Vodafone-Hochhaus am Mannesmannufer zur Weihnachtszeit in Tannenbaumform zieren, mit einem erkennbaren Krippenbild zu illumunieren.
Wie es bei ehemals konkurrienden Traditionen häufig der Fall ist, tauchen heute beide Weihnachtssymbole einfach nebeneinander auf. So erfreuen wir uns schon seit Jahrzehnten an der behaglichen Eintracht einer riesigen Tanne, die übrigens seit Jahrzehnten aus Lillehammer geschickt wird, und einer handgeschnitzten, lebensgroßen Krippe auf dem vorweihnachtlichen Marktplatz in Düsseldorf.

L wie lebendige Stofftiere

Einmal im Jahr wird ein Ort in Düsseldorf zur weihnachtlichen Wunderwelt für Jung und Alt. Während sich von Januar bis Oktober wohl vorwiegend Erwachsene für die Schaufensterauslagen des landeshauptstädtischen Kaufhofs an der Königsallee interessieren, zieht das bunte Treiben, welches in der Vorweihnachtszeit hinter den Glasscheiben vor sich geht, unzählige Kinder an, die sich staunend beisammen gedrängt, die Nasen an den Scheiben platt drücken. Begleitet von einer Menge Kindgebliebener, die in zweiter Reihe, nicht minder verzückt, vor dem Stofftiertrubel stehen. Die Rede ist von den Steiff-Stofftieren, welche seit 1984 die Düsseldorfer Adventszeit bereichern. Rund 100 Tiere werden der Filiale pro Jahr zur Schaufenstergestaltung zur Verfügung gestellt und mit weiteren Schaustücken aus dem vorhanden Sortiment zusammengeführt.

Ich erinnere mich sehr gut an meine erste Begegnung mit dem Stofftierspektakel, die durchaus in das erste Jahr der Düsseldorfer Kaufhof-Tradition fallen könnte. Nach ausgiebiger, faszinierter Beobachtung des lebhaften Geschehens, fiel meine Wahl auf einen Stoffhund, den ich damals nicht nur zu meinem Weihnachtswunsch erkor, sondern auch ausdrücklich darauf hinwies, diesen, dort zu sehenden Hund haben zu wollen, in der festen Überzeugung, er sei lebendig – schließlich bewegte er sich unmittelbar vor meinen Augen. Mein ehrlicher Vater erklärte mir daraufhin unumwunden, exakt diesen Hund werde ich nicht bekommen können, da jener für die Befestigung der Antriebsmaschinerie aufgeschnitten und damit beschädigt worden sei. Meine fassungs- wie ratlose Reaktion fing er, soweit ich mich erinnern kann, mit dem Verweis auf das Christkind auf, welchem er, das versicherte er mir, von meinem Anliegen berichten werde, sobald ich einen Wunschzettel geschrieben hätte. Daraufhin habe ich das Schreiben gelernt. Das hätte ich zugegebenermaßen in diesem Alter ohnehin erlernt, doch die Bedeutung der Schrift erschließt sich einem Kind, das glaubt, mit dem Christkind in Korrespondenz zu treten, auf eine vortreffliche Weise. Der Trick mit den Weihnachtswünschen funktioniert offensichtlich seit mehr als 100 Jahren unverändert gut. Auch wenn ich das Christkind derweil mit anderen Augen sehe, ist mein Glaube an die Magie der Schrift und Sprache bis heute ungebrochen.

Zurück zu den Steiff-Tieren: Zu der Zeit meiner geschilderten Erstbegegnung mit den wundersam bewegten Plüschtieren sorgten noch Kettenmotoren für deren An-

trieb. Mittlerweile erzeugen Elektromotoren und pneumatische Systeme das muntere Gewusel der wuscheligen Wesen zur Weihnachtszeit. Dank dieser technischen Fortschritte sind auch die Gestaltungsmöglichkeiten zusehends vielfältiger und die jährlichen Aufbauten noch kreativer und detailfreudiger geworden. Nur die Resonanz der Kinder ist bis heute gleich geblieben. Dieter Seeger vom Galeria Kaufhof an der Kö erzählte mir, dass Kinder regelmäßig Gedichte und Briefe schreiben, aus denen hervorgeht, mit welcher Aufmerksamkeit die Themenwelten von den Kleinen beobachtet werden. Ein Kind weinte herzerweichend, weil es den versehentlich eingeklemmten Schwanz einer Katze bemerkt hatte. Als die Dekorateure durch einen Brief davon erfuhren, wurde das Malheur selbstverständlich umgehend beseitigt und die Katze befreit.
Die Themen der Phantasiewelten wechseln stetig und werden vom Kaufhof unter Berücksichtigung des verfügbaren Steiff-Sortiments ausgewählt. Von „Weihnachtsmarkt“, „Deutschlandreise“, „Bärenland“ und „Bauernhof“ ist das Spektrum groß und reichte schon bis zum „Dschungelbuch“, über „Roncalli“, „Märchen“ und „Raumfahrt“, um nur einige Mottobeispiele zu nennen.
Welche politische Brisanz diese Bären entwickeln können, zeigt ein Exempel aus der benachbarten Stadt Köln,

deren Kaufhof an der Hohe Straße eine vergleichbare Kooperation mit der Gingener Firma Steiff pflegt. Im Winter 2008 sorgte das dortige Thema „1001 Nacht“ nämlich für kurzfristiges Aufsehen, als sich die rechtspopulistische Wählergruppe Pro Köln über die orientalisch gekleideten Bären und Kamele in den Fensterfronten echauffierte. Eine „beängstigende Sorglosigkeit im Umgang mit der Verharmlosung der Islamisierung“ wurde den Initiatoren daraufhin vorgeworfen. Die flächendeckenden Reaktionen von Presse wie Privatleuten zeigten jedoch eine erfreuliche Sorglosigkeit im Umgang mit der Verharmlosung der Polemisierung, welche auf Kosten der Stofftiere ausgetragen werden solle. Die orientalische Märchenwelt blieb unumstößlich bis zum 28sten Dezember, dem planmäßigen Datum zur Neudekoration, ausgestellt und gestaltete sich in diesem Kontext als anrührend naives Mahnmal gegen Intoleranz und Ignoranz, welches zudem zum Fest der Liebe unfreiwillig offenbarte, wie Hass und Engstirnigkeit den Blick für die Freuden des Lebens versperren können. Dabei bietet Steiff in seinem umfangreichen Sortiment wirklich Kuscheltiere für jede erdenkliche Vorliebe an. Unter den limitierten Ländereditionen findet sich sogar ein blonder, deutscher Trachtenbär namens Sepp.

M wie Möppi

„Die Zeiten sind schlecht für Hunde.“ Diese Einschätzung legte der Düsseldorfer Satiriker Adolf Uzarski seinem schnodderigen Sprachrohr Möppi in die Schnauze, dessen zahlreich aufgelegte Memoiren er im Jahre 1921 erstmalig herausgab. Wie schlecht sich die Zeiten für Hunde im Allgemeinen, und ausgerechnet an Weihnachten für sie im Speziellen darstellten, beschreibt der Vierbeiner Möppi in seinen Kindheitserinnerungen. Er erinnert sich: „Meine Mutter war eine geborene Spitz, also aus einer Familie, die Einfachheit und Bescheidenheit mit hohem Alter vereinigt. Was das Letztere anbelangt, so glaube ich kaum, daß ich einen Nachweis zu führen gehalten bin. Es ist bekannt, und ich habe mich genug mit der Geschichte unseres Geschlechts befaßt, um es bestimmt zu wissen, daß die ältesten Menschenstämme, wie zum Beispiel die Papuas, die Prztletl auf Mpua-Mpua-Mpua, die Eskimos und so weiter alle einen Spitz haben. Daß die Leute zum Teil den Spitz haben, um ihn an einen Bratspieß zu stecken oder ihn zu Weihnachten und Neujahr zu Gehacktesklößchen zu verarbeiten und fressen, ist ein Faktum, das nicht abzuleugnen ist und genugsam beweist, was von ihrer vielgerühmten Zivilisa-

tion zu halten ist.“ Alle Ungläubigen verweist Möppi auf „Die Geschichten des Collofino“, in denen der Verfasser sich nicht scheue, „alle Welt mit einem Rezept zur Bereitung eines *delikaten Senfspitzes* bekannt zu machen.“
Dieser weihnachtliche Senfspitz war es, der mich auf die Idee gebracht hat, nachzuforschen, wie Düsseldorfs Hunde das Weihnachtsfest denn heutzutage erleben – in der Stadt, die bis heute den Senf zu ihrer kennzeichnenden Delikatesse erklärt. Rund neunzig Jahre später, soviel möchte ich vorwegnehmen, lässt sich konstatieren: Die Zeiten sind immer noch schlecht, nur für die Hunde sind sie deutlich besser geworden.
Der älteste Begleiter des Menschen hat sich vom Nahrungsmittel zum hoch geschätzten Lebenspartner gemausert. Das Ausmaß dieser Liebe offenbart sich, zum Fest der Liebe, auch für den Vierbeiner an der Zahl seiner Geschenke. So jedenfalls scheint es, bestaunt man die vorweihnachtliche Warenauswahl an Spielzeugen, Kleidungsstücken und rot-weißem Killefitz, der nicht minder verbreitet als Killepitsch in Düsseldorf ausliegt, Fortuna trotz seiner Farbgebung jedoch verhehlt, sondern vielmehr dem amerikanischen Weihnachtsmann huldigt. Von rot-weißen Mützen, Schals, Pullovern und Halsbändern, bis hin zu identisch kolorierten Rentier-Spielzeugen und Plüschknochen muss der moderne

Möppi unter'm Weihnachtsbaum nichts mehr missen. Entgegen der Annahme, dass Hunde nur schwarz-weiß sehen, ist inzwischen bewiesen, dass Hunde durchaus über zwei Farbzäpfchen im Auge verfügen und Farben unterscheiden können, nämlich blau und gelb. Nur rot, ausgerechnet, das im Weihnachtsgeschäft modisch massiv strapazierte Rot, ist für Hunde höchstens als dunkles grau, wenn nicht gar schwarz zu erkennen. Schwarz, wie Pech! Aber der treue Hund, freundlich und anpassungsbereit wie er nun ist, genießt die Zuwendung nichtsdestotrotz und erfreut sich der Freude seines Frauchens, wenn er denn, rot bemützt und bemantelt, artig in die Kamera guckt. Wer an dieser Stelle zynisch einwendet, vielleicht sei es den Hunden früher doch besser ergangen, besser tot in Senf bereitet, als in rotem Mantel verkleidet – es gibt tatsächlich Weihnachtspullover bis hin zu Schäferhundgrößen –, der sei erneut an die genügsame Natur von des Menschen bestem Freund erinnert. Hauptsache, alle haben Spaß! Kulturkritik liegt ihm fern. Und die Frage nach artgerechtem Umgang, die sollten wir Menschen uns einstweilen im Umgang mit uns selbst stellen.

Es gibt durchaus frappante Figuren, die propagieren, Hunde liebten Luxus und auf den Bühnen der Society nur noch im Partnerlook, Tigerton in Tigerton, mit ihrem Wauzi zu sehen sind. Ein solcher hervorstechender Luxusladen ist übrigens unlängst aus der Kö-Galerie aus- und ausgerechnet in das bodenständige Köln gezogen. Ferner gibt es in der Düsseldorfer Karlstadt eine Reihe sympathischer Geschäfte, in denen die Leidenschaft für's Schlappohr auch unverkennbar bleibt, die Angelegenheit aber mit herzlichem, karlstädtischen Humor gesehen und behandelt wird. Das beste Argument liefert die Begeisterung der Hunde, die wild wedelnd ihre Nasen in den Wind halten, duftet es von Deutschlands erster Hundekuchenbäckerei verheißungsvoll herüber. Gebacken wird mit frischen Zutaten, ohne Zucker und Zusätze, selbst die Leberwurst wird eigens ungewürzt angeliefert. Sogar für Futtermittelallergiker gibt es mit speziellen Ingredienzien gebackene Kekse, so dass sich der Eindruck erhärtet, hier geht es Hund wirklich gut und das Pudelwohl der Vierbeiner steht im Vordergrund. Vom „Thunfischknäcke“ über „Gourmet-Muffins“ bis hin zu „Elch-Keksen“ umfasst das Sortiment eine große Vielfalt, wobei die zuletzt genannte Sorte nicht auf Inhaltsstoffe, sondern den saisonalen Bezug der Bäckerei verweist. In der Weihnachtszeit zieren an einer Schnur aufgehängte Riesenbackformen in Gestalt von Martinsgänsen oder den schon erwähnten Elchen das Schaufenster von Dog's Deli. Passende Hausrezepte sind in mittlerweile zwei Hundebackbüchern zum Nachlesen und -backen erschienen, wie mir die Inhaberin Friedrike Friedel erzählte. Der leckere Geschmack von Zimt und Vanilleschoten zeichnet diese weihnachtlichen Backwaren aus. Wen noch immer skeptische Zweifel einwerfen lassen, ob sich Fiffi dank Vanille und Zimt wohl besonders weihnachtlich fühlen wird, dem sei offen gesagt: nö. Weihnachtlich nicht, aber feierlich bestimmt! Gegen leckeres – und sogar gesundes – (Fr)Essen ist doch wahrlich nichts einzuwenden.

Was mir dagegen nachhaltig nachgeht, ist ein weihnachtliches Accessoire – ach was, wahrscheinlich ist es *das* international stillschweigend vereinbarte Sinnbild moderner Weihnachten überhaupt: Die blinkende Weihnachtsmütze. Dass es solche Blinkdinger, die während des Blinkens auch noch verschiedene Weihnachtsmelodien abspielen, schon längst sogar für Hunde gibt, lässt mich leise an Möppi denken und innerlich jaulen: Halt die Ohren steif, kleiner Kerl. Nach 25 Sekunden geht der Lärm von alleine wieder aus!

N wie Nikolausmarkt

Erste Belege für die ältesten Weihnachtsmärkte Deutschlands gibt es bereits von 1310 aus München sowie, ebenfalls aus dem 14ten Jahrhundert, für Braunschweig. In Nürnberg wurde der Christkindlmarkt schon Anfang des 17ten Jahrhunderts dort aufgebaut, wo er noch heute veranstaltet wird. Diese vorweihnachtlichen Märkte gingen aus den gewöhnlichen Wochenmärkten hervor, die früher auf den zentralen Plätzen der Städte abgehalten wurden. Das damalige Warenangebot spiegelt die Lebenssituation der Menschen im Mittelalter wieder. Da während der gesamten Adventszeit – mit der Ausnahme des hochgeachteten Nikolaustags – gefastet wurde, dienten diese Märkte primär der gemeinen Winterversorgung mit dem Lebensnotwendigen und auch Besonderen, wie beispielsweise Fleisch, mit dessen Verzehr das Ende der Fastenzeit am ersten Weihnachtstag zelebriert wurde. Diese ersten, rudimentären Vorläufer der Weihnachtsmärkte waren im Rheinland als Nikolausmärkte bekannt, vermutlich, weil sie um den Sankt-Nikolaus-Tag herum begannen.

Erst mit dem Luther-bedingten Wandel des Weihnachtsfestes kamen auf den Märkten allmählich Geschenkartikel hinzu, wie regional typische Weihnachtsspezialitäten und Spielwaren, für die es im 17ten Jahrhundert noch längst keine Spezialgeschäfte gab. Obschon viele traditionelle Speisen über eine lange Geschichte verfügen, gibt es ausgerechnet über den Glühwein nahezu keine historischen Hinweise. Im Mittelalter, das lässt sich mit Sicherheit sagen, waren gesüßte Gewürzweine, die unserem heutigen Glühwein ähneln, höchstens an den Höfen von Königen und wohlhabender Adeliger üblich, da die notwendigen, wertvollen Gewürze für die einfache Bevölkerung natürlich mitnichten zu bezahlen waren. Dabei waren die Speisen der einfachen Menschen in jener Zeit besonders stark gepökelt, was nachweislich zu Durst führt, den man damals mit recht saurem Wein und grob vergorenem Bier zu löschen versuchte. Für eine bessere Geschmacksqualität wurde der herbe Wein mit Honig und anderen Zutaten gewürzt, wie beispielsweise Minze, Salbei oder Wermut.

Einen ersten überlieferten Hinweis, der die Vermutung auf alkoholhaltige Heißgetränke im Zusammenhang mit einem Weihnachtsmarkt nahelegt, habe ich, beschrieben von Hans Müller-Schlösser, in Düsseldorf gefunden. Der ortsansässige Dichter berichtet zuvor von schlagkräftigen Auseinandersetzungen zwischen Alt- und Carlstädtern, die sich wegen der geplanten Verlegung des Wochenmarktes vom Rathaus- auf den Carlsplatz buchstäblich in den Haaren hatten. Obwohl dieser Streit 1802 zugunsten des Rathausplatzes ausgegangen war, musste die Polizei laut Müller-Schlösser im Jahr 1864 erneut schützende Maßnahmen treffen, um wenigstens den Severinsmarkt auf dem Carlsplatz durchzusetzen. Im Anschluss schreibt Müller-Schlösser: „Um dieselbe Zeit gab es auch einen Weihnachtsmarkt am Nikolausabend, der die ganze Nacht hindurch dauerte und den Altstädtern zu allerhand Allotria diente. Er wurde später wegen der vielen „Ungebühren" auf die Abendstunden beschränkt." Bis zu diesen Ausschreitungen war es vielmehr Brauch gewesen, den heiligen Nikolaus bis in die frühen Morgenstunden ausgiebig willkommen zu heißen. Die Zeit, von der hier die Rede ist, hat der berühmte Schneider-Wibbel-Verfasser auch andernorts als überaus trinkfreudig beschrieben, so dass gemutmaßt werden kann, worin der Quell der damaligen Ungebühren bestanden haben mag. Zwar hat es Müller-Schlösser zufolge noch bis in die 1890er Jahre einen Nikolausmarkt auf dem Carlsplatz gegeben, doch sollte dieser im Laufe der Geschichte gänzlich in Vergessenheit geraten. Dafür ist es dieser Handelsfläche am Kopfe der Karlstadt fulminant gelungen, sich einen permanenten Wochenmarkt zu ertrotzen, während der Rathausplatz auf seinen Platz in der Weihnachtsmarktgeschichte Düsseldorfs noch lange warten musste.

Mögen andere deutsche Städte ruhig auf eine Jahrhunderte alte, akribisch überlieferte Tradition ihrer Weihnachtsmärkte zurückblicken. M'r moss och jönne könne, weiß der Düsseldorfer und begnügt sich fröhlich mit seiner Feuerzangenbowle, deren Vorläufer sich offenbar schon lange vor Heinrich Spoerls Romanerfolg großer innerstädtischer Beliebtheit erfreute. Wer auf die längste Theke der Welt blicken kann, verkraftet es auch, dass die Geburtsstunde seines ehrwürdigen Weihnachtsmarktes das junge Jahr 1973 schreibt.

Die offizielle Premiere des Weihnachtsmarktes wird auf den ersten Dezember 1973 datiert. Standort war der seit jeher zugige Platz vor dem Schauspielhaus. Der Journalist Alfons Houben kritisierte in der Düsseldorfer Tagespresse bereits im Vorfeld die mangelnde Werbung für den Markt, dessen Vorbereitungen sich vor dem Schauspielhaus abspielten, an welchem ein großer Schriftzug mit dem damaligen Programmhinweis „Der Geizige" das Geschehen unfreiwillig kommentierte. Dass die östliche Seite des Kö-Grabens der willkommenere Schauplatz gewesen wäre, daraus wurde kein Hehl gemacht – dazu gekommen ist es jedoch nicht. Rund 250 Tannen bildeten also einen Kranz um den heutigen Gustaf-Gründgens-

Platz, der jedoch erst am 29sten Oktober 1976 zu seinem Namen kam und damals noch simpel wie kühl als Schauspielhaus-Vorplatz bezeichnet wurde. Dem Weihnachtsmarkt hat er schon dazumal keinen sonderlichen Segen gebracht. Als 2008 im Zuge des Wehrhahn-Linien-Bauvorhabens ein erneuter Versuch gestartet wurde, den großen, leeren Gründgens-Platz mit Weihnachtsbuden zu besiedeln, mussten dort binnen weniger Tage sämtliche Hütten verriegelt werden. Warum? Richtig, wegen Sturmwarnung! Während des Weihnachtsmarktes 2009 wurde dieser Platz dagegen von einer 450 Quadratmeter großen Eislaufbahn geziert – und geübte Schlittschuhläufer konnten die örtlichen Winde endlich für aerodynamische Zwecke einsetzen.

Doch entsinnen wir uns noch einmal zurück in das Jahr 1973, als der Düsseldorfer Weihnachtsmarkt erstmalig vor dem Schauspielhaus seine Pforten öffnete. Wenige Stichworte genügen, um sich die damalige Zeit ins Gedächtnis zu rufen, welche weitestgehend von der ersten und folgenschweren Ölkrise überschattet wurde, so dass sogar die Weihnachtsbeleuchtung in der Altstadt und auf der Kö drastisch reduziert werden musste. Damals standen unfeierliche Meldungen im Vordergrund wie: „Kein Verkehrsunfall mit Verletzten bei autofreiem Sonntag". Nichtsdestotrotz wurden aufgrund jener Energiekrise die

Weihnachtsferien bis zum 16ten Januar 1974 verlängert und Tipps für die autofreien Sonntage publiziert, von denen wohl auch der Weihnachtsmarkt profitiert haben musste, denn die befragten Gäste einer Zeitungsumfrage bilanzierten später, „so schlimm" sei es nun auch wieder nicht gewesen. Der damalige Vorsitzende des Schaustellerverbandes, Willy Osselmann, sprach dagegen klare Worte: Der Versuch sei völlig gescheitert. Ohne den letzten, zusätzlich geöffneten Sonntag, wäre der Weihnachtsmarkt trostlos zu Ende gegangen.

Glücklicherweise ist diese anfängliche Schlappe aus heutiger Sicht gut zu verkraften. Schon in den Achtzigern hatten sich mit dem Schadowplatz und Nikolausmarkt in der Altstadt zwei erfolgreiche Standorte entwickelt, die mit öffenlich wirksamen Auftritten geschickt beworben wurden: So fuhren schon 1980 zur Eröffnung des Weihnachtsmarktes elf internationale Nikoläuse mit Pferd und Wagen vor. Als deutscher Vertreter hatte sich der damalige Bügermeister Düsseldorfs, Bruno Recht, ins rauschebärtige Kostüm geworfen und dem weihnachtlichen Treiben in der Landeshauptstadt zu immer größer werdender Aufmerksamkeit verholfen. Seit 2005 hat die Düsseldorfer Marketing und Tourismus GmbH (DMT) die Regie übernommen. Über mangelnde Popularität ist bei kontinuierlich steigenden Besucherzahlen, die sich jährlich im siebenfachen Millionenbereich bewegen, nicht mehr zu klagen. Aus den 250 Tannen sind derweil 250 weihnachtliche Hütten geworden, die der Düsseldorfer Weihnachtsmarkt zu bieten hat. Das langjährige Konzept, den Markt auf mehrere, verschiedene Stellen in der Innenstadt zu verteilen, hat sich nicht nur wegen der verschieden gestalteten Märkte und Dörfchen bewährt, sondern auch zu dem intendierten Ansatz verholfen, „im Advent einen Erlebnismix aus Weihnachtsmarkt und Shopping zu präsentieren", wie die DMT-Geschäftsführerin Dr. Eva-Maria Illigen-Günther erklärte. Mit einer 28-seitigen Informationsbroschüre in gleich vier Sprachen, einem umfangreichen Bühnen- und Rahmenprogramm sowie einer komplexen Busreisen- und Übernachtungslogistik darf inzwischen wahrlich kein Vorwurf mehr erhoben werden, es mangele an ausreichender Werbung. Jahr für Jahr bestaunen Millionen von Augenpaaren die glitzernde Winterlandschaft im Innenhof des Wilhelm-Marx-Hauses, die lebensgroße Krippe im Weihnachtsdörfchen vor dem Rathaus oder den festlich glitzernden Pavillon im Herzen des Engelchenmarktes auf dem Heinrich-Heine-Platz vor dem Carsch-Haus.

Um den guten alten Brauch der Verkostung alkoholhaltiger Heißgetränke in der Vorweihnachtszeit nicht in Vergessenheit geraten zu lassen, seien zu guter Letzt ein paar bewährt-berauschende Stationen des Düsseldorfer Marktangebotes angeführt: Den Klassiker bildet wohl die traditionelle Glühweinpyramide am Anfang des Bürgermarktes an der Flingerstraße. Im Schatten der Jan-Wellem-Statue vor dem Rathaus gibt es weißen Glühwein – für all jene, die sich von der Schadowstraße tapfer bis zum Rhein heruntergetrunken haben, vielleicht eine lohnende Abwechslung. Mindestens eine Feuerzangenbowle sollte dann noch drin sein, in klassischem Tonbecher am Rande des Schadowplatzes. Dieser Weihnachtsmarkt am Schadowplatz soll übrigens seit Jahren das Prädikat „besonders familienfreundlich“ tragen. Vielleicht liegt dies ja an der unmittelbaren Nachbarschaft von Feuerzangenbowlen-Bude und Kinderkarussell? So kommen Jung und Alt auf ihre Kosten, die Kleinen auf dem Holzpferd, die Großen mit dem Karussell im Kopf.

Rezept: Feuerzangenbowle

Wo der regional-historische Ursprung dieses weihnachtlichen Heißgetränks liegt, lässt sich nicht mehr genau nachvollziehen. Zuckerhut hin oder her, man munkelt, die rote Brühe habe weniger mit Brasilien als mehr mit dem sogenannten Krambambuli zu tun, der einer Danziger Likörfabrik entspringen soll, was aber auch nicht weiterhilft, denn Krambambuli trinkt heute kein Mensch mehr. Das wirft die entscheidende Frage auf, welche Stadt denn der Feuerzangenbowle zu ihrer bis heute anhaltenden Popularität verholfen hat. Na, ahnen Sie es? Richtig, das war die Werbestadt Düsseldorf!

Genau genommen war es der Düsseldorfer Verleger Heinrich Droste, der „Die Feuerzangenbowle" erstmalig vom 19ten April bis zum 26ten Mai des Jahres 1933 als Fortsetzungsroman in seiner Tageszeitung „Der Mittag" abgedruckt und unzählige enthusiastische Leserreaktionen erhalten hat. Drostes Entscheidung, den schalkhaften Schulroman daraufhin als erstes belletristisches Buch in sein Verlagsprogramm aufzunehmen, erwies sich als absolut folgerichtig: Bereits in den 1940er Jahren hatte der Roman die Auflagenzahl von einer Million überschritten.

Aus der inzwischen dreimal verfilmten „Feuerzangenbowle" haben etliche Textpassagen den Status allgemeinen Bildungsgutes erreicht. Wer kennt die legendäre Unterrichtsstunde nicht, in welcher der famose Physiklehrer Bömmel fragt: „Also, wat is en Dampfmaschin? Da stelle mer uns janz dumm." Ähnlich verhält es sich mit der

alkoholischen Gärung, deren anschauliche Wirkungsdarstellung von Seiten der „Schöler“ den Chemielehrer Schnauz zu dem Ausspruch veranlasst: „Est Ehnen nicht wohl? – Oh, dann sätzen Sie sech.“
In diesem Sinne rate ich zur anfänglichen Vorsicht bei der Verkostung unten angeleiteter Bowle. „Jeder nor einen wönzigen Schlock“ – und wohl bekomm’s!

Zutaten:

3 Orangen
3 Zitronen
2 Stangen Zimt
einige Nelken
etwas Sternanis
2 Liter Rotwein
1/2 Liter Rum (54 Vol. %)
1 Zuckerhut

Die gewaschenen Orangen und Zitronen in dünne Scheiben schneiden. Danach Gewürze und Wein im Topf erhitzen, aber nicht zum Kochen bringen. Anschließend die Obstscheiben dazu geben. Den Topf auf ein Stövchen oder einen Tischkocher stellen, um den Inhalt warm zu halten. Ein Metallsieb oder eine andere feuerfeste, löchrige Auflage auf dem Topf befestigen und den Zuckerhut darauf stellen. Dann kann der Rum über den Zuckerhut gegossen und angezündet werden. Nur ein vollständig mit Rum getränkter Zuckerhut brennt richtig gut! Nach kurzer Zeit beginnt der Zucker zu schmelzen und in die Feuerzangenbowle zu tropfen.

Nach vollständigem Abschmelzen des Zuckerhuts die Feuerzangenbowle gut durchrühren, mit einer Kelle in Gläser oder Tassen einschenken und anschließend jeden Gast persönlich fragen: „Drenkste eene met?“ Zu Risiken und Nebenwirkungen fragen Sie besser niemanden. Zum Wohlsein!

O wie Oberbilk

Der Hintergrund dieses Kapitels bedarf vermutlich einer kurzen Einführung. Düsseldorf hat viele schöne Stadtteile, Straßen und Plätze, das wissen wir. Und viele dieser schönen Stadtteile, Straßen und Plätze erstrahlen zur Weihnachtszeit in noch feierlicherem Glanze, geziert von gigantischen Girlanden, Tannenbäumen, Lichtern und Laternen. Jedes Viertel hat seine eigene Kirche, jede Familie ihre eigenen Feiertagsrituale und jeder Mensch seine eigenen Vorlieben. Einem Stadtteil wollte ich mich daher exemplarisch annähern, in die Geschichtsbücher und hinter die Gardinen gucken; die Menschen befragen, wie sie die Weihnachtszeit früher verlebt haben und heute zubringen. Es ist so schön überall, man weiß kaum noch, wo man hinsehen soll. Bei zuviel Schönheit droht oftmals die Herzlichkeit verloren zu gehen, sagte ich mir und ging ins herzliche Oberbilk, getrieben von der Neugier auf diesen dynamischen Stadtteil, der sich seit seiner Entstehung in pausenloser Geschäftigkeit wie in ständigem Umbruch befindet.

Noch vor hundert Jahren galt Düsseldorf als das Zentrum des Welt-Stahlhandels. Die Stadt erlebte einen beispiellosen Boom, und ganze Stadtteile, wie Oberbilk oder Flingern, verdanken ihre Entstehung der aufblühenden Schwerindustrie und damit verbundenen Ansiedlung von Erfolgsunternehmen wie Klöckner, Mannesmann oder den Vereinigten Kesselwerken. Begünstigt wurde diese Entwicklung von der strategisch günstigen Verkehrslage Düsseldorfs am Rhein. In dem vollständig von Gleisen umgebenen Oberbilk konnten zudem die ein- und ausgehenden Güter exzellent verladen werden; in dem gleichsam von Bahndämmen vollständig eingeschlossenen Industriestadtteil bildete sich zeitgleich ein nahezu hermetischer Lebensraum. Den Beschreibungen des Oberbilker Schriftstellers Dieter Forte zufolge haben „viele Bewohner des Stadtviertels diese schwarzen Pforten zu anderen Stadtteilen nie durchschritten."

Von dem vormals stampfenden, dampfenden, hämmernden und scheppernden sowie vielerorts rußverdreckten Teil Düsseldorfs sind heute nur noch unscheinbare Straßennamen wie „Stahl-" oder „Eisenstraße" übrig geblieben. Dafür hat Oberbilk eine eigene Kö.

Anders als bei der schillernden Königsallee steht dieses Kürzel jedoch für den prekären Namen „Kölner Straße". Dieter Forte gab der pulsierenden Schlagader Oberbilks diesen Namen: „Kö der Arbeiter". Jene Arbeiter-Kö ist Teil einer uralten Handelssstraße zwischen Köln und

Düsseldorf und verlief in der Mitte des 19ten Jahrhunderts noch weit außerhalb der Stadtgrenzen. Binnen weniger Jahrzehnte entwickelte sich dieses vormals sandige, landwirtschaftlich geprägte Gebiet jenseits der historischen Stadtmauern jedoch zum Zentrum der deutschen Eisen- und Stahlindustrie.

Um das Jahr 1900 hatte die Gemeinde von St. Josef mehr als 27.000 Mitglieder. Damit soll diese Oberbilker Gemeinde die größte Pfarrei gewesen sein, die es je im Erzbistum Köln gegeben hat. Zum Vergleich: Diese Zahl entspricht nahezu der heutigen Einwohnerzahl Oberbilks. Vor dem zweiten Weltkrieg erreichte das Viertel seinen Einwohner-Höchststand, damals leben auf diesen fast vier Quadratkilometern etwa 32.000 Menschen. Jedoch wurden zwei Drittel der im Deutschen Reich erzeugten Stahlrohre, die für die Herstellung von Kanonen notwendig waren, in Düsseldorf produziert. Vor diesem Hintergrund überrascht es nicht, dass Oberbilk während des Zweiten Weltkriegs dem Erdboden gleich gemacht wurde. Das Grauen dieser Jahre schildert Dieter Forte eindruckvoll in seinem Roman: „Der Junge mit den blutigen Schuhen“. Darin erzählt er auch, wie „die Josefskirche in vielen Bombenangriffen total zerstört“ wurde. Oberbilks Wiederaufbau reichte weit bis in die 1970er Jahre, obschon große Teile Düsseldorfs bereits gegen

Mitte der 60er vollständig von Trümmern freigeräumt und wiederaufgebaut waren.
Noch bis vor 25 Jahren wandte der angrenzende Hauptbahnhof dem Arbeiterviertel den Rücken zu, denn erst am 16. Dezember 1985 wurde ein Durchgang über den neugebauten Bertha-von-Suttner-Platz geschaffen. Nach der Umsiedlung des großen Oberbilker Stahlwerks in den Stadtteil Reisholz war diese Umgestaltung des Bahnhofgeländes ab 1979 möglich geworden. Rund ein Drittel der Stadtteilfläche wurde insgesamt durch die Schließung nahezu aller größeren Industriebetriebe frei.
Eine VKW-Festschrift von 1962 (der damals noch ansässigen Vereinigten Kesselwerke) hebt das seit 1863 bestehende Originalgebäude sowie den Schornstein mit dem Piedboeuf-Schriftzug hervor, die beide Weltkriege unversehrt überstanden hatten und, so der Wortlaut, „beinahe zu Symbolen der Beständigkeit“ geworden seien. Beinahe! – Denn inzwischen erstreckt sich das neue Amts- und Landgericht über diese Fläche.
An der Kölner Straße, die vor nicht allzu langer Zeit noch von einer Straßenbahn befahren wurde, auf die man während der Fahrt aufspringen konnte, ist die Bahn längst im Untergrund verschwunden. Und an Aufspringen ist heute schon gar nicht mehr zu denken. Dort, wo sich früher rund zwanzig Kneipen aneinander reihten,

deren gutbürgerliche Eintracht gelegentlich von einem Metzger, Bäcker oder Kaiser's Kaffee unterbrochen wurde, zeugen die gegenwärtigen Geschäfte von einem bunten Nebeneinander eingesessener und zugezogener Nationen. Heute verkaufen türkische Händler vor der Kulisse alter Gründerzeit-Relikte frisches Gemüse, Afro- und Schnellback-Shops eröffnen neben alteingessenen Geschäften, wie zum Beispiel der Schwanen-Apotheke. Seit vielen Jahrzehnten trägt das Engagement der Sankt Josefs-Gemeinde und der traditionsreichen (vor allem Sport- und Schützen-)Vereine, verschiedener Jugendeinrichtungen sowie die ehrenamtliche Arbeit vieler Bürger dazu bei, das Viertel am Leben zu erhalten und sich den mannigfachen Problemen entgegen zu stellen. Das NRW-Programm „Soziale Stadt" ist seit 1999 bemüht, den Wohnraum zu verbessern und Nachbarschaften zu stärken. Und Oberbilk versucht weitestgehend nach dem bewährten rheinischen Grundsatz „Leeve un leeve losse" mit seiner Vielfalt umzugehen.

Obwohl ich selbst viele Jahre in diesem Stadtteil gewohnt habe, habe ich in dieser Zeit keinerlei Erfahrungswerte zum Thema „Weihnachten in Oberbilk" gesammelt. Wie viele andere Studenten auch, habe ich den Heiligen Abend nämlich bei meiner Familie verbracht. Das Letzte, was ich aus dem Zugfenster vom weihnachtlichen Oberbilk je gesehen habe, waren also stets die Damen eines speziellen Hauses am Bahndamm, welches mit seinen rot leuchtenden Fenstern im Vorbeifahren fast festlich daherkam. Dass ich daraufhin einen Herrn Puff anrief, um ihn zu befragen, wie heutzutage in Oberbilk Weihnachten gefeiert würde, klingt nach einem blödsinnigen Kalauer, ist aber wahr. Viele Oberbilker werden wissen, dass die Rede von Pastor Ansgar Puff ist. Der katholische Pfarrer gab mir freundlich Auskunft darüber, dass Weihnachten weiterhin ein „privates Fest" sei und die Oberbilker ab spätestens 17 Uhr zu Hause oder in der Kirche wären. Sowohl der Kindergottesdienst in Sankt Apollinaris, bei dem Kinder im jährlichen Krippenspiel die Weihnachtsgeschichte nachspielen, als auch die Christmette in Sankt Josef seien immer „sehr gut besucht". Es gibt durchaus noch viele Katholiken in Ober bilk, wenngleich es um 1900 deutlich mehr waren.

Aber wie verbringen denn die in Düsseldorf lebenden Muslime die Feiertage? Mein langjähriger Freund und Oberbilker Nachbar, der Bühnenautor Cengiz Bayazit, hat mir diese Frage folgendermaßen beantwortet: „An arbeits- und schulfreien Weihnachtstagen nutzen die türkischen Familien diese Gelegenheit sehr oft dafür aus, um Verwandte in der (bundesweiten) Ferne zu besuchen. Das ist nicht immer so, aber eine feste Größe. Sehr oft werden solche Tage auch für ein gemütliches Beieinander mit Freunden und Verwandten aus dem unmittelbaren Umfeld genutzt. Man trifft sich in türkischen Kulturvereinen und hält ein geselliges Beisammmensein ab. Die Kinder freuen sich auf das reichhaltige Fernsehprogramm. Die Jugendlichen nutzen diese Gelegenheit – business as usual –, um ihre Shishabars und Partystätten noch frequentierter anzupeilen. Man darf nicht außer Acht lassen, dass Weihnachten an den unmittelbar bevorstehenden Jahreswechsel erinnert, und dies schafft eine zusätzliche Atmosphäre der Besinnung, der Rückschau, des Frohlockens. Alles in allem entsteht auch bei Türken eine besinnliche Stimmung, aufgrund einer freudigen Erwartung von langen Schulferien, Arbeitsurlaub, Geselligkeit und Silvesterkrachern." Ich danke Cengiz nachhaltig für diese Darstellung, welche die vermeintlichen kulturellen Gräben auf erfrischend lebensnahe Weise umpflügt. Im multikulturellen Oberbilk feiern also alle zeitgleich, an verschienen Orten und aufgrund verschiedener Anlässe. Die Menschen wissen es nicht, aber sie feiern unweigerlich zusammen. Die einen treffen sich im Kulturverein und feiern das Zusammensein, die anderen machen im vollbesetzten Gangelshof nichts anderes – und die meisten bleiben gemütlich

zu Hause. Wenn der Unterschied nur darin besteht, dass die einen es Weihnachten nennen und die anderen nicht, dann möchte ich an die vielen Menschen erinnern, denen egal ist, wie und wo sie Weihnachten feiern, Hauptsache, nur nicht mit der Familie.
In Oberbilk und dem angrenzenden Lierenfeld haben sich zudem eine Reihe von alternativen Veranstaltungen etabliert, die der weihnachtlichen Partylust der vorwiegend jüngeren Generationen entgegenkommen. Einige der deindustrialisierten, vormals leerstehenden Fabrikhallen wurden zu „Locations“ umfunktioniert, in denen es inzwischen wieder hämmert und scheppert. Dieser Lärm ist jedoch musikalischer Natur. So folgte auf die Arbeit zwar spät, aber dennoch das Vergnügen. Das 2007 geschlossene „Tor 3“ auf dem ehemaligen Mannesmann-Gelände gab den Toten Hosen Raum für ihr erstes Weihnachtskonzert; im benachbarten „Stahlwerk“ ist Guildo Horn schon zur Tradition geworden, der „alle Jahre wieder“ in der umgebauten Lehrwerkstatt der Röhrenwerke zum Adventsingen erscheint. Legendär sind auch die X-Mess-Partys am 24sten Dezember im „Zakk“ an der Fichtenstraße und das Heavy Christmas Meeting in der Oberbilker Philipshalle. Wer jetzt meint, die krachigen Klänge erstickten jegliche anderen im Keim, der irrt. Vergangenes Jahr schallte am 13ten Dezember ebenso

die wohlbekannte Stimme des Volkssängers Heino durch die Josefskirche. Der gebürtige Oberbilker gab dort am Abend seines Geburtstages das letzte Kirchenkonzert vor Weihnachten, bevor er seiner Tournee im Januar fortsetzte. So ist Oberbilk – die wenigsten wollen freiwillig hin. Aber wer einmal dort gelebt hat, kehrt gerne wieder.

P wie Poffertjes

Ein zarter Zimtgeruch durchzieht die frostige Luft. Der Lichterschmuck hoch über den Straßen verbindet sich mit den festlich dekorierten Holzhäuschen zu einem einladenden Entree. Endlich leuchten alle bunten Buden in wohliger Wärme, die Stadt erstrahlt in einem behaglichschimmernden Glanz. Süßer die Glocken nie klingen – der Weihnachtsmarkt öffnet seine Pforten! Nicht nur Kinderaugen glänzen beim Anblick der feierlich-funkelnden Stadt. Altbekannte Weihnachtslieder summen leise über die Köpfe der ergriffenen Menschen hinweg.

Doch während unsereins die Engelein friedlich singen wähnt, nimmt wie seit schon 30 Jahren am Jan-Wellem-Platz auch der älteste Poffertjes-Stand des Düsseldorfer Weihnachtsmarkts zeitgleich seinen Betrieb auf. – Poffertjes? Das heißt Reisebusse, das heißt Gedränge, das heißt Lärm. Vorbei ist die besinnliche Idylle, jetzt schmettern die Straßendrehorgeln: Tüdüdüüü Tadadadaata Doooo! Welkom op de Kerstmarkt.

Mehr als zweitausend Busse drängen sich jährlich um die vorweihnachtliche Altstadt, bisherige Umleitungslösungen scheiterten kläglich und stellen die Düsseldorfer Tourismusexperten vor neue Herausforderungen. Die

Stadt Köln gewährt Reisebussen freie Fahrt in ihre Umweltzonen, sofern das Ziel ein Kölner Weihnachtsmarkt ist. Auch beim Düsseldorfer Lieblingsfeind blockieren die Freunde der „kaneelkoekjes“ (Zimtsterne) und „knapperige aardappelpannekoeken“ (Reibekuchen) die schmalen Gassen der weihnachtlichen Märkte. Ob „Rievkooche“ oder „Rievkohke“ besser klingt, darüber lässt sich streiten, aber kaum mehr, sobald „knapperige aardappelpannekoeken“ ins Feld geführt werden. Da verschlägt es Kölnern wie Düsseldorfern gleichsam die Sprache.

Dem Fernsehmoderator Robert Lembke zufolge beruhen die solidesten Freundschaften auf gemeinsamen Feindschaften. Das bedeutet, nie sind sich Kölner und Düsseldorfer derart nah im Jahr wie zur Weihnachtszeit. In seliger Aversion vereint. Solidarisch, mit gemeinsamen Feind.
Höchstens an Feiertagen drängen sie noch in stillschweigender Akzeptanz, Seite an Seite, im Stau nach Roermond, an den Kassen der Zwei Brüder oder herrlichen Stränden der holländischen Nordseeküste. Eigentlich ist Holland ja ganz schön, wären nur die Holländer nicht. Und wo zieht es diese klugerweise hin, während sich die Rheinländer dortzulande mit Kaffeepadpaletten und Vla

bevorraten? Nach Deutschland, natürlich, denn überall können die Deutschen ja nicht gleichzeitig sein.
Aus dieser Perspektive betrachtet, begrüßen wir die Niederländer doch eher als Friedensstifter. Als freundliche Schlichter, die vor lauter Friedfertigkeit sogar ihre eigenen Polizisten mitbringen. Wir sind immer bei ihnen, sie dagegen nur einmal im Jahr hier. Sie sorgen für verständnisvolles Nicken, wissendes Seufzen und wärmende Worte, berichtet man seinen Freunden, auf dem Weihnachtsmarkt gewesen zu sein. Ohne sie wären wir einander nicht so nah. Außerdem muss doch irgendjemand diese entsetzlichen Blinkmützen kaufen! Jemand, der sie idealerweise umgehend ins Ausland überführt und zwar möglichst weit weg. Auch wenn sich unserem Blick nach Holland keine Bergketten entgegenstellen, so ist es doch entlegen genug, um diese entsetzlichen Blinklichter der Nikolausmützen aus den Augen verlieren zu können.

Und, sind wir mal ehrlich, so schlimm sind sie doch gar nicht. Vielleicht ihre Sprache, gut. Aber in diesem Punkt zeigen die Niederländer erneutes Entgegenkommen und sprechen nahezu perfektes Deutsch. Eigentlich ist es gut, dass sie diesen Akzent haben, sonst hielte man sie glatt für Einheimische. Sie kaufen unsere blöden Blinkmützen, während wir kulinarisch profitieren. Neben puder-

gezuckerten Poffertjes duften bisweilen auch Kruidkoek, die holländischen Gewürzkuchen, in allen erdenklichen Verfeinerungsvariationen über den Weihnachtsmarkt.
Die regionalen Ursprünge unserer typischen Adventsköstlichkeiten zeigen mitunter verblüffende Berührungspunkte: So wurde der berühmte Eierlikör beispielsweise in Heinsberg erfunden. Heinsberg liegt zwar in Deutschland, ist jedoch die westlichste Kreisstadt. Und wie die Frage nach der Henne und dem Ei, lässt es sich schwerlich beantworten, wer zuerst da war: das Poffertje oder der Eierlikör. Anders als bei Henne und Ei lässt sich eines jedoch sicher sagen: Zusammen schmecken sie köstlich. Und spätestens die Spekulatius offenbaren etwas, das nachdenklich stimmt: Spekulatius ist ein aus den Niederlanden, aber genauso aus dem Rheinland stammendes Mürbeteiggebäck! Oft verbergen sich hinter Animositäten letztlich große Ähnlichkeiten. Ob das bei Kölnern und Düsseldorfern auch so ist, sollte nicht an dieser Stelle geklärt werden. Fakt ist jedoch – die Holländer sind uns ganz schön artverwandt, Verwandtschaft und Feindschaft liegen nah beinander und Spekulatius mögen wir alle gern. Doch, während der Spekulatius in Deutschland ein typisches Weihnachtsgebäck ist, wird er in den Niederlanden ganzjährig gegessen. So gesehen verhält sich der Spekulatius gegenüber dem Deutschen

wie der Niederländer in der Weihnachtszeit – und der Kaffee kaufende Deutsche dem Niederländer gegenüber wie ganzjähriger Spekulatius. Der Spekulatius: Ein geheimes Symbol Deutsch-Niederländischer Freundschaft. Sollten wir uns in diesem Jahr also in einer Reisegruppe Niederländer wieder finden, so prosten wir ihnen doch mit unserem Glühweinstiefel in alter Verbundenheit zu: Nix för onjot – isset hier nit herrlisch?!

Rezept: Urtypischer Gewürzspekulatius

Zutaten:

500 Gramm Weizenmehl
2 gestrichene Teelöffel Backpulver
250 Gramm Zucker
200 Gramm Butter
2 mittelgroße Eier
1 Päckchen Vanillin-Zucker
2 Tropfen Backöl – Bittermandel /Aroma
2 Messerspitzen gemahlener Kardamom
2 Messerspitzen gemahlene Nelken
1 gestrichener Teelöffel gemahlener Zimt
150 Gramm Mandeln oder Haselnusskerne (gemahlen)

Das Mehl mit dem Backpulver vermengen und auf ein Holzbrett oder die Arbeitsplatte sieben. In den Mehlhaufen eine Vertiefung drücken, Zucker, Gewürze sowie die beiden Eier darin einbetten und anschließend zu einem dicken Brei verarbeiten. Danach die Butter (in kleinen Stücken) mit den gemahlenen Mandeln oder Haselnusskernen in die Teigmitte legen, mit Mehl bedecken und alle Zutaten zügig zu einer festen Masse kneten. Diesen Teig dann dünn ausrollen, mit beliebigen Formen ausstechen und auf ein gefettetes Backblech legen. Soll ein Spekulatiusmodel aus Holz benutzt werden, muss der Teig in den großzügig bemehlten Model gedrückt werden, der überstehende Teig abgetrennt und die Spekulatiusstücke nach dem Backen aus dem Model geschlagen werden. Bei 175-195 °C, auf mittlerer Schiene, ca. 10 Minuten backen.

Q wie Quarkkrapfen

Auf den Düsseldorfer Weihnachtsmärkten wird eine Fülle kulinarischer Köstlichkeiten kredenzt.

Beim abwechlungsreichen Bummel zwischen den Buden lösen sich der Duft gebrannter Mandeln, leckerer Crêpes und Quarkbällchen mit dem würzigen Wohlgeruch von Flamkuchen und hausgemachten Spätzle ab. Schon von weitem weiß, wer sich der Käsealm nähert: Das Käse-Raclette verströmt ein unverkennbares Bukett, das dem einen das Wasser im Mund zusammenlaufen und den ein oder anderen die Nase rettend in seinen süß dampfenden Glühweinbecher tauchen lässt. Allen bislang aufgezählten Gaumenfreuden ist eines gemein – besonders regionaltypisch sind sie nicht. Das Problem geht also weit über die Poffertjes hinaus! Bäckermeister Josef Hinkel bestätigt unter „Z wie Zimtmonde“ in diesem Buch, dass es durchaus regionaltypisch für die Rheinländer ist, sehr offen für neue Delikatessen zu sein. So gesellen sich zu den heimischen Reibekuchen, Maronen und Spekulatius auf dem Weihnachtsmarkt beispielsweise auch französische, elsässische, schwäbische oder schweizer Spezialitäten. Was ist denn überhaupt typisch für die Düsseldorfer Weihnachtsküche?

Was für Düsseldorf schon seit Jahrhunderten nicht nur urtypisch ist, sondern auch weit über die Grenzen der Stadt hinaus Ruf und Ansehen fand, markiert den eigentlichen Anfang der Weihnachts(fasten)zeit: Das Martinsfest. Während die mit Sankt Martin assoziierten Gänse heute aus der Lust an Legende und Tradition verzehrt werden, hatten die vorwinterlichen Braten früher hingegen eine sehr weltliche Ursache. Da die Jagd nur den feudalen Gesellschaftsteilen vorbehalten war, gab es für die Bauern und anderen, ärmeren Bevölkerungsschichten nur einmal im Jahr einen Überfluss an Fleisch von Tieren, die nicht über den Winter hätten gebracht werden können. Und diese Zeit begann im November! Im Rheinland soll der kirchliche Brauch, den Vorabend des Fastenzeitbeginns mit gutem Essen in geselliger Runde zu verbringen, übrigens „den Merten halten" genannt worden sein. Ich persönlich habe diesen Ausdruck noch nie gehört. Ähnlich verhält es sich mit dem Kesselkuchen, dem „Knühles" oder „Kühles", einem überlieferten, rheinischen Martinsgericht. In einem gusseisernen Topf wurde dafür ein Teig aus geriebenen Kartoffeln, gehackten Zwiebeln und zwei Eiern, angereichert mit Mettwurst und Rosinen, über mehrere Stunden im Backofen gebacken, bis er eine appetitliche, braune Kruste bekam. Die genauen Rezepturen sind häufig Orts-

oder gar Familiengeheimnis, lediglich über einen Zusatz herrscht absolute Einigkeit: Das ist der klare Schnaps im Anschluss an den mächtigen Kesselkuchen.
So wie viele alte Redewendungen und Traditionen im Laufe der Jahrhunderte verblassen, verändern sie sich auch. Entgegen der gegenwärtigen Annahme, auch der Weckmann sei ein typisches Gebäck für die Martinszeit, dokumentierte der Düsseldorfer Schrifsteller Josef F. Lodenstein (1901-1984) noch eine ganz andere Gepflogenheit. Die Erinnerungen aus seiner Kindheit, zu Beginn des vergangenen Jahrhunderts in Düsseldorf, offenbaren: „Ließ uns Sankt Martin gripschen, so durften wir dem zweiten Weihnachtsboten [dem Nikolaus, S.H.] Klotschen, Klompen, Holzschuhe also, wie sie die Frauen damals in den Waschküchen an den Füßen trugen, vor die Tür und vor das Fenster hinausstellen, die wir am 6. Dezember morgens in aller Frühe mit Nüssen, Kastanien, Äpfeln, Moppen, Spekulatius und Printen gefüllt wiederfanden. Daneben, manchmal auch schon am Fußende des Bettes, stand ein Weckmann, hochglänzend, mit Korinthen als Augen, Rosinen oder Mandeln als Rockknöpfe und einer weißen Tonpfeife. Dieser Weckmann war das ganz eigentümliche Nikolausgebäck, wie der Buchweizen-Pfannekuchen mit Korinthen allein dem Martinstag zugehörte. Man sollte darum der Un-

sitte, bereits am Martinstag Weckmänner zu verkaufen, Einhalt gebieten. Ein jedes zu seiner Zeit, sonst verblasst der Brauch.“ Schon 1965 hielt Lodenstein damit nicht nur vom Vergessen bedrohtes Kulturwissen fest, sondern schätzte auch die zukünftige Entwicklung des Gebildebrotes bereits zutreffend ein.

Die verschiedenartigen Essgewohnheiten am Heiligen Abend zeugen ebenfalls von einer Aufweichung feststehender, christlicher Traditionen. Der 24ste Dezember wurde ehemals, als letzter Abend der vorweihnachtlichen Fastenzeit, bescheiden wie fleischlos begangen. Althergebrachte Gerichte wie der Weihnachtskarpfen oder Heringssalat zeugen von dieser Sitte. Der Heringssalat brachte zudem den Vorteil mit sich, dass er bereits am Vortag zubereitet werden konnte und der tüchtigen Hausfrau auch weihnachtliche Momente außerhalb der Küche ermöglichte. Auf der gleichen Argumentation basiert ein weiterer Klassiker, der Umfragen zufolge *das* beliebteste Weihnachtsessen der Deutschen abgeben soll: Kartoffelsalat mit Würstchen. Schnell, schlicht und kalorienarm, das sind die heute daran geschätzen Vorzüge, mit Blick auf die folgende Völlerei während der Feiertage. Früher machte der geringe Kostenaufwand diese Speise so beliebt. Aber Moment mal! Fastentauglich klingt das nicht gerade – Kartoffelsalat mit *Würstchen.*

Die toleranten Rheinländer dürften das jedoch nicht so eng sehen, denn bei genauem Hinsehen zeigt sich, dass auch der tradionelle rheinische Heringssalat durchaus Fleisch enthält! Unter Heringen und roter Beete ist so ein kleines bisschen Rindfleisch doch ejal; der liebe Gott scheint den Schwaben ja auch das Fleisch in den Maultaschen zu vergeben. Da bekommt das Wort „Raffinesse" im Küchenkontext plötzlich eine ganz neue, säkularisierende Note.

Heute haben kirchliche Verbindlichkeiten noch stärker an Einfluss verloren, und es bleibt weitestgehend dem individuellen Familienrahmen überlassen, wann, was und in welcher Patchwork-Konstellation zu Weihnachten gegessen wird. In Düsseldorf, wie in ganz Deutschland, hat sich als Festtagsschmaus der Braten durchgesetzt. Ob sich dazu letztlich Gans, Ente, Hase, Lamm, Rind oder Reh an Rotkohl mit Klößen oder Kartoffeln wiederfindet, entscheidet der Gustus der Gesellschaft. Auch neumodischen Raclette- oder Fonduefreuden sind längst Tür und Tor geöffnet. Da gilt es abzuwarten, ob sich nicht schon bald ein unfreiwillig christliches, weil fleischloses, trendy Weihnachts-Sushi etablieren wird.

R wie Rote Rosen

„Guten Abend, Düsseldorf! Wir wünschen Euch ein gesegnetes Weihnachtsfest!“ Während Campino diese Worte ins Mikro ruft, schmettern seine Toten Hosen-Bandkollegen dazu die Melodie von „Stille Nacht, heilige Nacht“. Spätestens jetzt ist klar, dieses Weihnachtskonzert wird alles andere als still werden. Prompt fährt er leicht grinsend fort: „Und, dass Ihr nicht zu viel gefressen habt, gestern und heute. Und wenn, dass Ihr es jetzt abarbeitet!“

Dieser Auftakt am 26sten Dezember 1998 in der Philipshalle erinnert an eines von den inzwischen zur Tradition gewordenen Düsseldorfer Weihnachtskonzerten der Toten Hosen. Angefangen hatte alles mit dem ersten Weihnachtskonzert 1987 im legendären Tor 3. Schon vier Jahre später spielten sie wegen des gewaltigen Andrangs in der größeren Philipshalle. Die Entwicklung ihrer Weihnachtskonzerte steht stellvertretend für den Erfolg dieser Band: Im vergangenen Jahr gaben die Hosen wegen der beharrlichen Nachfragen sechs ausverkaufte Konzerte in Folge – und zwar im 12.500 Zuschauer fassenden ISS Dome. Nach fast einem Jahr ständiger Konzertreisen ihrer „Machmalauter-Tour“ 2008/2009 war es für die fünf Düsseldorfer „natürlich die Krönung, diese Tournee Weihnachten zu Hause beenden zu können“, so Frontmann Campino im Interview. Als Dankeschön begann am Nikolausabend des Vorjahres der Vorverkauf zunächst nur in Düsseldorf und im Internet. Binnen kurzer Zeit waren die eingerichteten Kartenvorverkaufsstellen (Geschäftsstelle von Fortuna Düsseldorf, Brauhaus Uerige und ISS Dome) vollständig belagert und der Online-Shop für Stunden zusammengebrochen. Spätestens hier zeigt sich, Düsseldorf hat viele Gesichter. In unmittelbarer Nachbarschaft zu den schicken Flanierfreunden der Kö leben Tausende Anhänger des Fun-Punks. Getreu dem Motto „Weihnachten muss auch Spaß machen dürfen“, halten unzählige Düsseldorfer den aufmüpfigen, heimatverbundenen Hosen seit Jahrzehnten die Treue.

Ihr Debütkonzert hatte die Band im Jahr 1982 gegeben; passend zum Bremer Veranstaltungsort „Schlachthof“ waren auf den damaligen Plakaten fälschlicherweise „Die toten Hasen“ angekündigt. Dass die Hosen plötzlich unter dem Pseudonym „Die Roten Rosen“ auftraten, soll jedoch weniger der Furcht vor Druckfehlern geschuldet sein als der neckischen Hommage an die Sex Pistols, die ein Album namens „Never mind the Bollocks – Here's the Sex Pistols“ herausgegeben hatten. Unter dem Titel „Never mind the Hosen – Here's die Roten Rosen" nahmen die Toten Hosen 1987 deutsche Schlager wie „Für Gabi tu' ich alles" auf, allerdings in unverkennbaren Punkrockversionen. Im selben Jahr fand auch das erste Weihnachtskonzert statt, gespielt von den Roten Rosen. Elf Jahre später erschien als zweiter Longplayer dieser Kombo das passende Weihnachtsalbum: „Wir warten auf's Christkind". Die Melodien und Texte bekannter deutscher Weihnachtslieder wurden größtenteils beibehalten, allerdings in „verrockter" Weise intoniert. Zudem haben die erfrischend geschmacklos verkleideten Musiker einige Passagen neu interpretiert oder umgetextet. Der leise rieselnde Schnee erweist sich als einer, der durch die Nase gezogen werden kann und in „Ihr Kinderlein kommet" heißt es: „Ihr Kinderlein kommet, o kommet doch all, zum Kiffen herkommet in Bethlehems Stall und seht, was in dieser hochheiligen Nacht, das Gras aus Jamaika für Freude uns macht." Was die einen schamlos finden, erfüllt die anderen mit Heiterkeit. Wer weiß denn schon, welche Kräuter die Drei Heiligen Könige damals wirklich als Geschenke im Gepäck hatten?

Was viele nicht vermuten werden: Als Sohn eines Presbyters war Textschreiber Campino früher jeden Sonntag in der Kirche. Weihnachten habe er sich mit seiner Familie

„über all die Poser amüsiert, die nur einmal im Jahr in die Kirche gehen“. Er selbst bezeichnet sich als gläubig, allerdings, wie immer mehr Menschen, dabei konfessionsunabhängig. Das Weihnachtsalbum ist längst nicht nur entstanden, weil Bands wie The Slade oder The Yobs das schließlich auch gemacht haben. Es ist ein aufrichtiger Ausdruck von Weihnachtsfreude – eben auf Hosenart, mit der auch die Roten Rosen in ihrem ursprünglichen Booklet verkünden: Die Scheibe sei das „definitive Lebenswerk“. Und „sie soll Euch ein bißchen Wärme bringen in dieser kalten Zeit, sie will Euch zurufen: *Du bist nicht allein.* Wenn von uns nur eine verirrte Seele gefunden und gerettet wird, ist unsere Mission erfüllt. Jesus lebt – seid umarmt!“

Bei aller Ironie scheinen die Hosen genau damit den Nerv einer Zeit getroffen zu haben. „Wir warten auf's Christkind“ ist jedenfalls das meistverkaufte Weihnachtsalbum der Bundesrepublik! Und diese Tatsache kann nicht ausschließlich auf zahllose, sich thematisch anbietende Spontankäufe verzweifelter Geschenkeshopper zurückgeführt werden.

Campino bestätigte zudem in der Frankfurter Rundschau: „In der Weihnachtszeit reagiert das Publikum ganz anders als sonst, irgendwie weicher und offener. Wir haben oft erlebt, dass unsere Weihnachtskonzerte viel emotionaler waren als andere. Viele Fans wollen an diesen Tagen dem Geschenk-Stress entkommen und ein bisschen Rock'n Roll erleben. Gleichzeitig haben sie an diesen Tagen Abstand zu den Sorgen des Alltags. Es ist eine sehr friedfertige Atmosphäre."

Die schon ein Jahr im Voraus ausverkauften Weihnachtskonzerte geben ihm zweifellos recht.

S wie Sankt Martin

Der Zusammenhang zwischen den beiden Festen Sankt Martin und Weihnachten ist inzwischen, das lässt sich kühn behaupten, weitestgehend unbekannt. Mit dem fortschreitenden Rückgang von regelmäßigen Kirchgängern scheint auch das kollektive Bewusstsein für die durch das Kirchenjahr sowohl festgelegte als auch zusammengehaltene Abfolge von christlichen Festen im Jahreszyklus zu schwinden. Was nicht bedeutet, dass die kirchlichen Feste selbst vom Verschwinden bedroht wären. Der spirituelle Impetus ist bei vielen Vertretern jüngerer Generationen lediglich einem befreiten Spaßstreben gewichen, das die Feste feiert, wie sie kommen – und dabei jedes einzelne als „Event" isoliert betrachtet. Der Vorteil dieses situativen Feierverhaltens liegt klar auf der Hand: Das Vergnügen bleibt, bloß die Fastenzeiten entfallen. Oder das Fasten wird, wie andere Verhaltensweisen auch, sogar beibehalten, aber aus der kollektiven Konvention gelöst – und dann häufig, ziemlich weltlich, „Diät" genannt.

Seit dem sechsten Jahrhundert leitete nämlich das letzte genussvolle Schmausen einer Martinsgans am elften November eine vorweihnachtliche Fastenzeit ein, welche bis

Weihnachten andauerte. Dieser Brauch wurde teilweise bis ins 19te Jahrhundert beibehalten. Einerseits war es offenkundig sinnvoll, die anschließend untersagten Fleischvorräte in einem rauschenden Fest zu vertilgen. Dass ausgerechnet Gänse verstärkt dran glauben mussten, hat andererseits mit einer Legende zu tun, die den einstigen Gardeoffizier Martinus betrifft, der im Jahre 334 vor dem Stadttor Amiens (in Gallien/ Frankreich) einem Bettler begegnet war und seinen Mantel bekanntlich mit einem Schwert geteilt hatte. Jesus Christus soll ihm daraufhin erschienen sein, in die Mantelhälfte des Bettlers gehüllt. Danach gab der damals erst 18-jährige Martinus seinen Militärdienst auf und trat in den Dienst Christi. Dieser Sachverhalt ist bis heute äußerst bekannt und zeigt auf, wie wichtig das Martinsfest seit Jahrhunderten ist – insbesondere für Kinder. Auf Drängen des Volkes von Tours sollte Martin 371 zum Bischof erhoben werden. Der asketisch lebende, bescheidene Martin soll sich jedoch für unwürdig gehalten und versteckt haben: in einem Gänsestall. Der weitere Verlauf lässt sich denken: Die Gänse haben geschnattert, Martin verraten und müssen, der Sage nach, dafür nun jedes Jahr in der Pfanne brutzeln.

Der gerechte, hilfsbereite, im besten Sinne menschliche und dennoch Heilige Martin von Tours starb auf einer

Missionsreise und wurde am 11. November 397 beerdigt. Die lebensfrohen Rheinländer ehren den sympathischen Heiligen schon seit Jahrhunderten am Vorabend seines Begräbnistages, vielleicht auch, weil er nach Maria, der Mutter Jesu, und dem Apostel Johannes der erste Heilige des Abendlandes war, der gottlob mal nicht als Märtyrer ums Leben gekommen ist.
Die überlieferten Anfänge des Martinsfestes sind vielfach dokumentiert; besonders in Düsseldorf hat „Zint Mäten“, wie der Heilige hier genannt wurde, eine außerordentliche Bedeutung. Was mit Martinsfeuern und ausgehöhlten Kürbissen begann, entwickelte sich alsbald zu ersten Umzügen, bei denen die Kinder und Jugendlichen anfangs noch recht ungeordnet durch Düsseldorfs Straßen zogen. „Zwangloses Bewegen der Kinder durch die Straßen des Stadtteils unter Mitführung von Lampions“ bezeichnet ein altes Protokoll diese Anfänge des Martinszugs. Der erwähnte „alte Stadtteil“ umfasste die Straßen: Alleestraße (die heutige Heinrich-Heine-Allee), Bolkerstraße, Markt, Flingerstraße und Carlsplatz. Schon im November 1884 war in der „Rheinisch-Westfälischen Zeitung“ zu lesen: „Das Martinsfest ist eine Spezialität Düsseldorfs. Fast die ganze Jugend versammelt sich in der Begleitung ihrer Angehörigen im Mittelpunkt der Stadt, um hier unter Absingen einiger harmloser

Verschen und im matten Schimmer der Lampions auf und ab zu ziehen. Diese Festlichkeit hat sich im Laufe der Jahre so entwickelt, daß ihr Ruhm bereits nach auswärts zu dringen beginnt und manche veranlaßt, am Martinsabend nach Düsseldorf zu kommen." Geordnete Umzüge entstanden zwar bereits ab der Mitte des 19ten Jahrhunderts, doch bis ein erster Martin höchstpersönlich mitgeritten ist, sollte es in Deutschland noch etwas dauern.

Ein erstmaliger Umzug mit „Musikbegleitung" sowie einem leibhaftigen Sankt Martin, im Protokoll als „maskierte Person zu Pferde" geführt, fand nämlich 1886 in Düsseldorf statt. Die „ungefähre Anzahl der teilnehmenden Kinder" betrug dazumal schon 2000. In diesen Jahrzehnten war dieser Erfolg des Martinszugs für Düsseldorfs generellen Erfolg seiner boomenden Stadtentwicklung charakteristisch: 1882 war Düsseldorf mit Überschreitung der 100.000-Einwohner-Grenze nicht nur zur Großstadt geworden, sondern hatte auch kurz zuvor als Stadt der Verwaltungen, Banken, Firmensitze und Versicherungen einen ungeahnten Aufstieg erlebt. Düsseldorf erwarb in diesen Jahren nicht nur den Beinamen „Schreibtisch des Ruhrgebiets", sondern erlebte auch eine kulturelle Blüte. Die explosionsartige Expansion der Stadt in allen Lebensbereichen war zu umfassend, um an dieser Stelle knapp skizziert werden zu können. Kehren wir also zurück zum Heiligen Sankt Martin. Sowohl die Zahl seiner Anhänger als auch die der benötigten Darsteller wuchs mit den Jahren enorm, was auch auf die verdoppelte Anwesenheit des Heiligen in vielen Umzügen zurückzuführen ist. Sowohl in der Altstadt als auch beispielsweise im traditionsreichen Gerresheimer Martinszug reiten seit langem zwei Ehrenmänner hoch zu Ross: Sankt Martin als römischer Soldat und als Bischof von Tours.

Mehr als 120 Martinszüge ziehen mittlerweile durch die Landeshauptstadt; bis heute ist die Altstadt mit dem größten Umzug dabei der zentralste Schauplatz. Vom Stiftsplatz ausgehend führt der Weg auch an der Sankt Andreas-Kirche vorbei, deren Vorplatz seit 1965 eine Martinssäule ziert, auf welcher die Mantelteilungs-Szene dargestellt ist. Im Laufe der Zeit hat sich auch die Bastelvielfalt der Laternen verändert. Von Düsseldorfer-Radschläger-Laternen und gefiederten Gänsen, über wandelnde Schlosstürme bis hin zu nachgebauten Star-Wars-Todessternen ist zwischen den traditionellen Fackeln heutzutage alles zu finden. Die Zahl der Zuschauer wird inzwischen an die 50.000 geschätzt, so dass der Heilige seinen Mantel gleich zweimal teilen muss. Einmal traditionell vor der eindrucksvollen Rathauskulisse, das zweite Mal – eine gute halbe Stunde später – an der Mariensäule am Maxplatz.

Trotz aller Veränderungen ist eine Sache seit dem 16ten Jahrhundert nahezu gleich geblieben: Das Gripschen. Dessen Ursprung liegt im früheren „Heischen" (fordern, bitten) und war für Kinder und Arme an bestimmten Festtagen im Kirchenjahr üblich. Bis heute schallt es nach dem Martinszug an Düsseldorfer Haustüren und Geschäften: „Hier wohnt ein reicher Mann, der uns was geben kann." Während der Heischegang für die Schüler im 16ten Jahrhundert noch verbreitet existenziell wichtige Nahrungsmittel einbrachte, wird von den wohlgenährten Kindern unserer Tage eher um die Anerkennung geheischt, wer die schönste Laterne gebastelt hat. Apropos Anerkennung: Seit 2001 verleiht die Stadt Düsseldorf ihren sogenannten Martinstaler an Personen, die sich seit mindestens einem Jahrzehnt in besonderem Maße ehrenamtlich für das Gemeinwohl einsetzen. Der Oberbilkerin Gerda Coenen, die gemeinsam mit ihrem Ehemann Herbert Coenen so freundlich war, mir für dieses Buch von ihren Erinnerungen zu erzählen, wurde die Auszeichnung des Martinstalers 2004 überreicht.

Schon im 19ten Jahrhundert stand, wie oben angedeutet, der Düsseldorfer Umzug der Kinder in Ruf und Ansehen. Adam Wrede zufolge, der 1928 in den Blättern vom Hause der Firma Henkel „Geschichtliches über den Sankt-Martinstag“ darlegte, ist in Düsseldorf „wohl auch zuerst die Feier der Kinder am Martinsabend neuzeitlich umgestaltet und in einen Fackelzug verwandelt worden. An die Stelle der alten, mundartlichen Martinslieder sind dabei neue in hochdeutscher Sprache getreten.“ Diese damals progressiven Lieder wie „Lasst uns froh und munter sein“ oder „Sankt Martin ritt durch Schnee und Wind“ werden bis heute bei den Umzügen unverändert gesungen.

Anders klangen dagegen noch die originären Lieder, zu welchen der 1889 in Düsseldorf verstorbene Schriftsteller Wilhelm Herchenbach anmerkte: „Das Umherziehen ging mit dem größten Lärm vor sich, denn es war kein Mädchen und kein Bübchen so klein, es stimmte mit aller Kraft in den hergebrachten Gesang ein. Von diesem kann man nicht behaupten, daß er sich in poetischer oder musikalischer Beziehung hervorgetan hätte, aber er wurde dennoch treu jedes Jahr abgeschrieen.“

Eine Fassung des Textes lautete folgendermaßen:

„Zing Määte, zing Määte,
Die kälver hant lang stääte,
Die jonges sind rabaue,
Die weiter (Mädchen) wolle mer haue,

Die jonges esse gebackene fesch,
Die weiter schmiesse mer onger der desch,
die jonges esse die taate,
die weiter lecke die plaate.
Zing Määte, zing Määte!“

Herchenbach kommentierte diesen fortwährenden Text nicht grundlos als „Zank zwischen Knaben und Mädchen“, denn die Mädchen sangen: „Die jonges wolle mer haue!“ Das war die Gleichberechtigung Mitte des 19ten Jahrhunderts.
Dort, wo der angrenzende Einzelhandel heute gebeten wird, die Schaufensterbeleuchtung zu dimmen, um dem Martinszug eine noch behaglichere Atmosphäre zu verschaffen, leuchteten im 19ten Jahrhundert unzählige Kürbisse in warmen Farbtönen. Die ausgehöhlten Kürbisse waren in Düsseldorf unverzichtbarer Bestandteil des Martinsfestes. Wilhelm Herchenbach beschrieb: „Auch auf dem Markte war diese Frucht in diesen Tagen massenweise zum Verkaufe ausgestellt. Selbst die Ärmsten kauften davon; aber sie dienten nicht zum Verspeisen, sondern sie wurden von den Kindern sorgfältig ausgehöhlt. Je dünner man innen die Schale machen konnte, desto besser war es. Das eine Ende mit dem Stiele wurde abgeschnitten und diente als Deckel. An langen Kordeln

wurde der Kürbis in der Art eines Weihrauchfasses getragen."
Damals wurden Sonnen, Heilige oder auch der Name des Trägers in den Kürbis eingeritzt. Wer die furchteinflößenden Halloween-Gesichter ablehnt, kann auf traditionelle wie anachronistische Weise einen Gedenk-Kürbis entzünden. Und weise lächeln, wenn jemand spotten sollte, der Kürbis leuchte fast zwei Wochen zu spät.

T wie Turmblasen

Entgegen der heutigen umgangssprachlichen Wortverwendung von „türmen“ war ein mittelalterlicher Türmer keineswegs derjenige, der bei drohender Gefahr als erster die Flucht ergriff, sondern vielmehr ein – häufig sogar im Turm wohnender – Wächter, der, von seinem erhöhten Aussichtspunkt aus, frühzeitig durch einen Signalton bekanntgab, wenn sich Feuer oder Feinde näherten. Im Jahr 1467 soll der bedauernswerte Türmer von Duisburg dagegen versehentlich den gesamten Turm der Salvatorkirche in Brand gesetzt haben, indem er neben einer Kerze eingeschlafen war. Ausgerechnet da, wo vor Feuern gewarnt werden sollte, schlugen die Flammen damals lichterloh in die Höhe!

Neben ihrer Funktion als Brandwächter waren die Türmer oft gleichzeitig als Stadtpfeifer tätig, in einem von der Zunft geregelten Lehrberuf, dessen Ausbildung stolze zehn Jahre dauern konnte. Diese ausgebildeten Musiker spielten früher zugleich bei Fürstenbesuchen, Bürgerfeiern – und an Weihnachten. Ein stimmungsvoller Brauch, der jedoch mit der Abschaffung des Türmeramtes im ausgehenden 18ten Jahrhundert vielerorten verschwand. Während andere Bräuche in Vergessenheit

geraten sind, hat das weihnachtliche Turmblasen in Düsseldorf dagegen ein würdevolles Revival erlebt:
In bald 30-jähriger Tradition spielt sich jedes Jahr, gegen Mitternacht des Heiligen Abends, auf dem Turm der Auferstehungskirche in Oberkassel höchst Bemerkenswertes ab: Dann nämlich betreten rund zwanzig Musiker aus dem Löricker Bläserkreis die Balustrade, setzen ihre Instrumente an und blasen feierliche Choräle in die weihnachtliche Winternacht. Bis zum Rhein in Alt-Oberkassel sind die Turmbläser in dieser Nacht zu hören. An die fünfhundert Menschen sind es mindestens, die sich vor Ort versammeln und die besondere Atmosphäre direkt auf dem Platanenplatz miterleben wollen. „Rappelvoll" ist es dann immer, wie es Kantor Thorsten Göbel ausdrückte. Die jährliche Tradition ähnele mitunter einem Abi-Treffen, auf dem sich auch ehemalige Düsseldorfer wiederbegegnen, wenn sie zu Weihnachten ihre Familien besuchten. „Selbst wenn Oberkassler sich seit Monaten nicht mehr gesehen haben, machen sie sich erst Sorgen, wenn jemand nicht zum Turmblasen kommt", so der evangelische Kirchenmusiker. Trotz aller ausgelassenen Stimmung, die bei den versammelten Menschentrauben herrscht, sieht die Gemeinde ein Problem, das Düsseldorf auch vom Karneval her kennt: Scherbenberge leerer Flaschen, die offenbar volle Flaschen achtlos zu-

rückgelassen haben, trüben auch das frohe Fest. Es wäre zu schade, wenn diese wunderbare Stätte der Besinnlichkeit an derartiger Besinnungslosigkeit scheitern müsste.

Das adventliche Turmblasen erfreut sich inzwischen an einigen Kirchen Düsseldorfs großer Beliebtheit. Seit 2004 schallt es auch jeden Vorabend des dritten Advents feierlich über Derendorfs Dächer, wenn das Bläserquartett der Herz-Jesu-Kirche in 50 Metern Höhe Adventslieder intoniert. Gespielt werden ausschließlich Adventslieder, wohlgemerkt, denn bis Weihnachten wollen ja noch sieben weitere Adventstörchen geöffnet werden. Dass „kein Weihnachtsmarktgeklingel" zu hören ist, schätzten die Besucher besonders, so der Hauptinitiator, Organist und Kantor der Herz-Jesu-Kirche, Hanjo Robrecht.

Drei Jahre zuvor, genaugenommen zehn Tage vor dem Weihnachtsfest 2001, ist die Einsturzgefährdung des Gewölbebaus festgestellt worden. Prompt mussten die damals schon berühmten Orchestermessen an Weihnachten verlegt und die Kirche für Sanierungsarbeiten geschlossen werden. Als dann am 11. Dezember 2004 vier Musiker, ausgestattet mit zwei Trompeten, einer Posaune und einer Basstuba, die Galerie der wiedereröffneten Herz-Jesu-Kirche betraten, war die Freude groß.

Ein ganz besonderes Highlight ziert die Kirche seit 2007 – und dabei ist „Highlight" wörtlich zu nehmen: Acht helle Lichtsäulen zeichnen nämlich die achteckige Turmspitze nach, welche 1945 abgedreht werden musste, weil sich der Sturm im vom Krieg zerstörten Kirchturm verfangen hatte. Anlässlich des 100-jährigen Kirchbestehens erhielt nicht nur der Turm an der Roßstraße eine strahlende neue Spitze aus Licht, sondern die gesamte Herz-Jesu-Kirche leuchtet seither in die dunkle Jahreszeit. Sieben Boden- und zwölf effiziente LED-Scheinwerfer betonen zudem die Kirchenschiffseiten sowie oberen Arkaden und Pfeiler. Die Premiere dieser festlichen Illumination fand in stimmungsvollem Rahmen am Turmbläser-Abend im Dezember 2007 statt. Hier zeigt sich der rheinische Frohsinn im Detail: Bevor die Düsseldorfer nämlich bei trübem Wetter in Trübsal verfallen, erfreuen sie sich lieber an der dann besonders deutlich sichtbaren Lichtspitze ihrer Herz-Jesu-Kirche. Und zum jährlichen Turmblasen gibt es vor dieser beeindruckenden Kulisse, neben einer Dreiviertelstunde klangvoller Bläsermusik, sogar noch heiße Würstchen und wärmenden Glühwein!

U wie Unternehmensfeiern

An dem Ort, wo heute der Neubau des Amts- und Landgerichts imposant in den Himmel ragt, sah es vor gar nicht langer Zeit noch gravierend anders aus. Begeben wir uns auf eine nur kurze Reise in der Zeit zurück, treffen wir auf unbewirtschaftetes Brachland, das seit Anfang der 1990er-Jahre die enorme, rund dreizehn Hektar große Fläche im Scheitel der Mindener- und Werdener Straße bestimmt hat. Weit mehr als ein Jahrzehnt war es hier sehr still in Oberbilk. Erst 2007 wurde der Grundstein für das neue Amts- und Landgericht gelegt. Der ein oder andere Zugereiste wird sich von Zeit zu Zeit gefragt haben, welches Landschaftsloch sich dort hinter dem plakatierten Zaun verbergen mag, wenn er sich vom Oberbilker Markt in Richtung Zakk bewegt hat. Diese stumme Fläche erinnerte nicht mehr daran, welch lauter Betrieb hier einst Tausende von Arbeitern beschäftigt hat. „Umstrukturierung" ist das gängige Stichwort, von dem die vielen entindustrialisierten Gebiete Düsseldorfs profitieren sollen. Doch in welcher Weise an diesen Orten Jahrzehnte lang zuvor geschuftet, geschwitzt, gelitten, geleistet und auch gefeiert wurde, droht im Wandel dieser Stadterneuerungsmaßnahmen in Vergessenheit

zu geraten. Tauchen wir also erneut in unsere Reise in die Vergangenheit ein und nähern uns dem historischen Gelände, nun im 19ten Jahrhundert. Schon von weitem sehen wir rauchende Schlote. Plötzlich blitzt das ehemalige Eingangstor der Vereinigten Kesselwerke (VKW) vor uns auf. Öffnen wir es und lassen vor unseren Augen das geschäftige Treiben entstehen, welches schon 1863 an dieser Stelle begann und durch Generationen von Mitarbeitern fortgeführt werden sollte. Als Zweigwerk hatte die metallverarbeitende Firma Piedbouef diesen Standort zunächst vorgesehen. Ideale Bahn- und Schiffsanbindungen sowie durchschlagender Tatendrang der Belegschaft machten diesen Betrieb jedoch nicht nur bald zum florierenden Hauptwerk, sondern zu einem der größten Kesselbauunternehmen Deutschlands. Schon 1910 wurde der 10.000ste Kessel einer einzigen Serie fertig gestellt und festlich dekoriert auf die Gleise gelassen. 1927 führte der Zusammenschluss dreier Firmen dann zu dem endgültigen Namen: Vereinigte Kesselwerke AG.
Einmal im Jahr wurde es auch bei der VKW besinnlich und still, nämlich dann, wenn die betriebliche Weihnachtsfeier abgehalten wurde. Der ehemalige Mitarbeiter Klaus-Dieter Sturm blickt zurück: Kakao, Kekse und Weihnachtsteller hat es gegeben und „der Raum war immer voll.“ Jede Menge Gedichte seien damals aufge-

sagt worden und wer wollte, erinnert er sich schmunzelnd, konnte seinen Sprößling beim Weihnachtsmann sogar anmelden: „Den musste ma rausrufen!“, war der entscheidende Hinweis, welcher seine pädagogische Wirkung nie verfehlt hat. – „Willst du dich bessern?“, lautete dann die Frage des Ehrfurcht einflößenden Weihnachtsmannes, der trotz seines bayrischen Akzentes nie als Hausmeister enttarnt werden konnte. Alle Kinder, auch diejenigen, die vor Nervosität nach der zweiten Strophe nicht mehr weiter wussten, bekamen abschließend eine Geschenktüte überreicht und konnten sich über Bauklötze, Spielzeugautos oder Puppenstübchen-Zubehör freuen. Noch bevor die Werkstore im Jahr 1991 endgültig geschlossen wurden, war die Tradition der gemeinschaftlichen Werksweihnachtsfeiern bereits eingeschlafen. Woran es erstmals mangelte, und was die Feiern letztlich in den schmuckloseren Abteilungsrahmen verlagert hat, waren Zeit und Initiative zur Gesamtorganisation. Bei dem Übernahmebetrieb Babcock gab es kein „Frollein Voigts“ mehr, jene Chefsekretärin, die einst die Schirmherrschaft übernommen hatte und mit dem Weihnachtsmann in ständiger Korrespondenz stand. Früher waren große Weihnachtsfeiern der ortsansässigen Unternehmen keine Seltenheit.

Auf eine nicht minder glanzvolle Weihnachtstradition blickt auch das Düsseldorfer Familienunternehmen Henkel. Vom heutigen Weltkonzern mit mehr als 55.000 Mitarbeitern sind bereits Erinnerungen an glanzvolle Weihnachtsfeiern vor dem ersten Weltkrieg überliefert, die „besonders schön" gewesen sein sollen, wie von Frau Meuter, einer einstigen Küchenangestellten, 1908 berichtet wurde: „Herr Kommerzienrat war stets mit seiner Familie zugegen. Durch den Trichter der Maschinen rieselten Schneeflocken, die Mädchen sangen Weihnachtslieder und spielten Theater. Herr Kommerzienrat hielt eine Ansprache." Nachdem die Reisevertreter anfänglich im Privathaus der Familie Henkel an der damaligen Heinestraße zusammengekommen waren, stieg deren Anzahl vor allem mit dem Erfolg von Persil derart an, dass die Festivitäten in die erste Tonhalle (an der heutigen Schadowstraße) verlegt wurden, welche für den besonders schönen Kaisersaal berühmt war. Schon damals umfasste der Saal fast 3000 Plätze, bevor das gesamte Gebäude im Zweiten Weltkrieg vollständig zerstört wurde. Heute funkeln an dieser Stelle übrigens zur Weihnachtszeit die unzähligen kleinen Lichter des üppigen Tannenbaums vor dem Karstadt-Gebäude!

Die mit echtem Siegel festlich gestaltete Speisenfolge von 1909 enthielt sechs fürstliche Gänge: Von Ochsenschwanzsuppe, gebackenem Zander an Kartoffelsalat und Kalbsrücken mit Zunge, über englische Sellerie und Wildpastete mit Sauce Cumberland bis hin zu farziertem Puter mit Kompott und Salat, nebst anschließender Dessert-Auswahl zwischen Eis und Mokka sowie Käse und Likör. Sieben Weine der Jahrgänge 1904 bis 1906 standen dazumal zur Auswahl, und trotz einer nur auf den ersten Blick zu vermutenden Verbindung beider Unternehmen, wurde auf den Henkel-Feiern lange Zeit Henkell-trocken-Sekt ausgeschenkt. Wer das Waschen derart vereinfacht hat, liebt es scheinbar trocken. Eine Frau mit Wäschekorb zierte prompt den Menüplan aus dem Jahr 1910: „Hurra, schon fertig", lautete der dazu gedruckte Kommentar, welcher nicht verwundert – war doch Persil das „erste selbsttätige Waschmittel der Welt"! Als Vorspeise wurde in diesem Jahr übrigens Schildkrötensuppe gereicht, von der meine Oma auf Nachfrage jüngst bestätigt hat, sie sei früher „sehr vornehm" gewesen. Nach dem Ersten Weltkrieg wurden diese Feiern für die Reisevertreter, damals Weihnachtskonferenzen genannt, in die schmucken, werkseigenen Speisesäle verlegt. „Schon vor 50 Jahren", also schon von Anbeginn der Unternehmensgeschichte in Düsseldorf, ist in einem Bericht aus den Blättern des Hauses Henkel von 1928 nachzulesen, „als zur jährlichen Konferenz noch *der* Chef, *der*

Prokurist und *der* Reisende zusammenkamen, deren bescheidene Dreiheit sich bis zum heutigen Tage auf die stattliche Zahl von 410 Gästen erhöht" hatte, hätten folgende, altbewährte Grundsätze gegolten, denen „heute wie damals" gefolgt werden solle: „Lecker Essen! Lecker Trinken!! Viel Lachen!!!" Seit Anbeginn wurde bei den Weihnachtszusammenkünften ein Gemeinschaftsgeist geschürt, der das Ereignis zu einem Familienfest gestaltete, einem offenkundigen Zusammenhalt, der bis heute spürbar ist. Seit 1903 hatte die Büro- und Betriebsbelegschaft der Henkelaner bereits im Werk gefeiert und die traditionellen Weihnachtstüten in Empfang genommen. Bei der „Weihnachtsfeier in der Fabrik" von 1914 waren bereits 1887 Personen zugegen, darunter 160 Kinder; im Jahr darauf wurde die Zahl der Anwesenden bereits auf 2800 geschätzt. Unter diesen Gästen befanden sich seit Kriegsbeginn übrigens auch viele Verwundete, die im Vereinslazarett der Firma Henkel gepflegt wurden. Hinzu kamen die Weihnachtsfeiern der Mütterberatungsstelle am Nikolaustag, zu denen ab 1929 in den neuen, mit Tannengrün und Lichterschmuck dekorierten Gesolei-Saal geladen wurde. Über 100 Kinder, deren Mütter die beiden damaligen Beratungsstellen der Werksschwestern aufgesucht hatten, wurden mit weihnachtlichem Chorgesang, Märchenfilm, Geschenken sowie Kaffee, Kuchen und Süßigkeiten überrascht, von denen nicht auszuschließen ist, dass sich darunter auch die eine oder andere, unlängst mit einer Gesolei-Goldmedaille prämierte Printe des Düsseldorfer Bäckers Jean Hinkel befunden haben könnte. Zwei funkelnde Tannenbäume zierten den Saal, zu dessen Kopf sich eine aufwändig dekorierte Bühne für das altehrwürdige Krippenspiel befand.

Der Verlauf der Geschichte ging auch an den Weihnachtsfeierlichkeiten nicht spurlos vorbei. So wurde beim Weihnachtsappell im Jahr 1934 neben den traditionellen Liedern auch das Horst-Wessel-Lied angestimmt. Sonst schien alles noch recht gleich, wie auch die Ausgabe der Weihnachtstüten, die es seit Anbeginn der Werksfeiern gab. Doch 1939 musste der Weihnachtsmann einem anderen weichen, der sich selbst zur Weihnachtszeit in den Mittelpunkt des Geschehens rückte. Die fatalen Folgen sind bekannt.

Ein Auszug der ersten Nachkriegsrede anlässlich der Weihnachtsfeier am 15. Dezember 1946 dokumentiert die Situation: „Die Zahl der Teilnehmer an unserem heutigen bescheidenen Weihnachtsschmaus ist zu groß, als daß wir alle gleichzeitig und gemeinsam zusammenkommen könnten. Es ist vielmehr notwendig, drei Gruppen zu bilden, welche jede für sich die weihnachtliche Erbsensuppe zu sich nimmt und bei dieser Gelegenheit die Weihnachtsbotschaft der Geschäftsleitung und der Betriebsvertretung anhört.“ Der Tatendrang zum Wiederaufbau war jedoch deutlich zu spüren, das Ensemble der Städtischen Bühnen feierte im Werkstheater noch im selben Jahr im Rahmen der Weihnachtskonferenz eine Festaufführung der überschwänglichen Operette „Maske in Blau“, und vor dem Werkstor leuchtete bereits wieder ein Weihnachtbaum, wie er bis heute an der Holthausener Henkelstraße 67 jedes Jahr erstrahlt. Weihnachten 1947 stand die Konferenz bereits unter dem Zeichen der Grundsteinlegung, einem Wiederanknüpfen an den einstigen Erfolg, der bekanntlich bravourös gelang.

Rückschauend geben die Weihnachtsbegebenheiten Auskunft über das Flair ganzer Epochen. Der weihnachtliche Internverkauf aus den Achtzigern erinnert mit durchsichtigen Geschenkkoffern im Wert von 20 bis 50 Mark nicht nur an damalige Produktnamen wie Aok und Fa, sondern auch an zeitgenössische Themen; der frühe Verzicht auf Phosphat, FCKW und Lösungsmittel war damals wegweisend. Heute besteht übrigens die Möglichkeit, seine Weihnachtstüte wohltätigen Zwekken zu spenden. Wie dieses Zeichen der Zeit zu interpretieren ist, wird sich auch erst in der Retrospektive zeigen.

V wie Vodka

Kurz bevor sich im November 1989 der Berliner Mauerfall in das kollektive Gedächtnis brannte, gab es am 27. Oktober desselben Jahres schon einen anderen Grund zur grenzüberschreitenden Freude. An diesem Tag wurde nämlich die Städtepartnerschaft zwischen Düsseldorf und der Hauptstadt Polens abgeschlossen. Seit 2002 zeugt auch die Bennunng der Warschauer Straße und des U-Bahnhofs Oberbilker Markt/Warschauer Straße von dieser urbanen Verbindung.

Obwohl die Menschen in Polen und dem Rheinland überwiegend dem gleichen, katholischen Glauben angehören, haben sich in beiden Regionen jedoch unterschiedliche Weihnachtstraditionen verfestigt. Etwa 70 % der streng religiösen Polen sind bis heute praktizierend, ein Umstand, der sich auch bei der allgemeinen Ausgestaltung des Weihnachtsfests zeigt. Viele christliche Symbole und Riten bestimmen den tradionellen Ablauf des polnischen Weihnachtsessens, von denen nur die wenigsten eine Düsseldorfer Entsprechung haben. Wenn an Heiligabend in Düsseldorf noch die letzten Geschenke im Eilverfahren eingepackt werden und Sissi im Vorabendprogramm in die erste Runde geht, stehen die Einwohner Warschaus gebannt wie hungrig am Fenster und schauen nach oben. Denn erst wenn der erste Stern am Himmel aufgegangen ist, beginnt das Weihnachtsfest in Polen. Im Winterfirmamemt zeigt sich dieser „Gwiazdka“ (wörtlich: kleiner Stern) gewöhnlich gegen 17 Uhr. Dann wird zur Einläutung der Feierlichkeiten eine große, eckige Oblate mit biblischem Motiv gebrochen und als Zeichen der Versöhnung, der Liebe und Freundschaft unter allen Anwesenden verteilt. Abwesende Familienmitglieder bekommen ihr Stück dieser „oplatek“ sogar mit der Post geschickt.

In Einklang mit der christlichen Fasten-Tradition steht das anschließend zelebrierte Abendmahl am 24sten Dezember nicht nur als erste Mahlzeit des Tages, sondern auch als eine weiterhin fleischlose – in Polen ist der Karpfen *das* traditionelle Weihnachtsgericht. Der rogenreiche Karpfen symbolisiert dazu Leben und Fruchtbarkeit, zumal der Fisch überdies als das Zeichen für Jesus Christus bekannt ist. Symbolträchtig zeigt sich auch die festlich gedeckte Tafel: Ein zusätzliches Gedeck sowie ein zusätzlicher Stuhl zeigen an, dass auch ein unerwarteter Gast oder hungriger Bedürftiger jederzeit willkommen wäre. Unter der Tischdecke liegen dabei zweierlei Dinge: Stroh und Geldscheine. Das Stroh erinnert rückschauend an die Geburt des Jesuskinds; für diese Tischdeko-

ration kann man zuvor in den Geschäften kleine Päckchen Heu oder Stroh kaufen. Mit Blick auf das neue Jahr liegen dagegen die Geldscheine aus, welche die Bitte symbolisieren sollen, dass das Geld nie versiegen möge. In dieser Hoffnung werden auch die Schuppen des Weihnachtskarpfens getrocknet, von denen dann jeweils eine das folgende Jahr über im Portemonnaie beherbergt wird. Verbreitet ist auch der Brauch, unter einem der Teller eine Geldmünze zu verstecken, die dem späteren Finder Glück bringen soll. Das oft Stunden andauernde, traditionelle Abendessen beinhaltet vor dem Hauptgang, Karpfen mit Kartoffeln, zumeist eine Rote-Beete-Suppe, die unter dem Namen „barszcz" (gesprochen „Barschtsch") auch hierzulanden bekannt ist. Im Anschluss gibt es Lebkuchen und Mohnstrietzel, oder die schlesischen „Mohnklöße", bei denen gezuckerter Mohn in Milch und Brötchen (oder Weißbrot) aufgeweicht und mit Rosinen und Mandeln verfeinert wird. Nach der anschließenden Bescherung werden zusammen Weihnachtslieder, die sogenannten „koledy" gesungen.
Der Heilige Abend endet meistens mit einem gemeinsamen Besuch der Mitternachtsmesse, der „pasterka". Vor den Toren der festlich erleuchteten Kirchen werden weitere Oblaten mit Verwandten und Freunden geteilt. Nach Mitternacht endet auch die vorweihnachtliche

Fastenzeit, womit nicht nur ein paar verspätetete Verdauungsschlucke vom allseits beliebten „Vodka" erlaubt, sondern auch zwei weitere fröhliche Feiertage im Kreis der gesamten Verwandtschaft garantiert wären. Ein Pendant zum hiesigen Glühwein gibt es im winterlich-kalten Polen übrigens auch: Allerdings wird dort kein Wein, sondern Bier erhitzt und mit Sirup und Nelken getrunken. „Jede Jeck es anders" sagt sich da der Düsseldorfer und bleibt bei seinem Altbier. Doch Karpfen, den mag er auch!

Rezept: Weihnachtskarpfen mit Altbier

Zutaten:

1 Speisekarpfen (1-1,5 Kilogramm)

50 Gramm Butter

125 Gramm Rosinen

200 Gramm Mandeln

100 Gramm Saucenlebkuchen

1 Esslöffel Mehl

1 Esslöffel Zucker

2 Esslöffel Essig

2 Zwiebeln

2 Möhren

¼ Sellerie
2 Nelken
1 Lorbeerblatt
1 Liter Altbier

Zunächst den Karpfen entschuppen, ausnehmen und waschen, dann Kopf, Schwanz und das Gemüse mit den Nelken und dem Loorbeerblatt im Bier kochen lassen. Nach dem Aufkochen abschäumen und noch gute 30 Minuten kochen lassen. Aus Butter, Zucker und Mehl eine mittelbraune Schwitze herstellen und diese dann mit dem durchgesiebten Fischsud, den geriebenen Lebkuchen, den Rosinen und Mandelstücken zehn Minuten lang kochen lassen. Den Karpfen anschließend in Stücke schneiden und in der sämigen Sauce ziehen lassen. Dazu werden tradionell Knödel oder Salzkartoffeln gegessen.

W wie Weihnachtsmann

Als in Köln geborene Düsseldorferin, herangewachsen im durchlässigen Kölsch-Altbier-Grenzgebiet Dormagen, meinte ich lange Jahre zu wissen, was Toleranz bedeutet. Selbst die Benrather Linie, einem weiteren, in diesem Fall dialektalen Übergangsgebiet, von dem ich nicht nur erst im Studium erfahren habe, sondern auch, dass ich unwissend wie unbehelligt in dessen unmittelbarer Nähe gelebt hatte, gab mir weiterhin das Zuvertrauen, als souveräne Grenzgängerin zwischen regionalen Eigentümlichkeiten virtuos zu existieren. Doch dann begegnete ich dem Stutenkerl.

Zugegeben, ich war es, die zuerst in heilloses Gelächter ausbrach, als ich diesen Namen zum ersten Mal hörte. Dass sich meine Essener Freunde daraufhin kaum mehr halten konnten, als ich mit absoluter Selbstverständlichkeit spottete, was das denn für ein Ausdruck für den guten alten Weckmann wäre, kann ich im Nachhinein verstehen. Ich meine zwar immer noch, Stutenkerl klingt lächerlich. Doch wenn man mit diesem Namen von Kindheitstagen an vertraut ist, muss es einem absurd erscheinen, dass diese Teigware keine 30 Kilometer südlich plötzlich Weckmann genannt wird. In solchen

Momenten braucht man nicht an Toleranz zu appellieren. Da stehen sich Semmel und Schrippe unversehens feindlich gegenüber.

„Die Grenzen meiner Sprache sind die Grenzen meiner Welt", sagte Ludwig Wittgenstein und regte damit indirekt an, dass es nie verkehrt sein kann, seinen Wortschatz ein Leben lang zu erweitern. Wer sich mit dem Sprachgebrauch der weihnachtlichen Gabenbringer befasst, erweitert nicht nur seinen Sprachschatz, sondern buchstäblich seinen Horizont.

Begeben wir uns auf die spannende Spurensuche nach den innerdeutschen Bezeichnungen für die gabenbringende Symbolfigur, so begegnen wir dem Heilgen Nikolaus gleich zweifach. Er, der ganz am Anfang stand, hat sich über das Christkind nämlich kurzerhand in den Weihnachtsmann verwandelt, der dem ehemaligen Nikolaus nachempfunden ist. Aber alles der Reihe nach:

Bis zu dem Zeitpunkt, als Martin Luther im 16ten Jahrhundert anregte, die Kinderbescherung auf das Weihnachtsfest zu verlegen, war der sechste Dezember, der Todestag des Heiligen Nikolaus, vorherrschender Termin der feierlichen Geschenkübergabe. Historische Abbildungen, auf denen der Patron und Freund der Kinder zu sehen ist, zeigen einen bärtigen Mann mit bischöflicher Mitra und Bischofsstab. Gleichzeitg existieren jedoch auch alte Darstellungen eines Nikolaus mit unscheinbarer Kapuze oder gar einer roten Zipfelmütze. Wie war es dazu gekommen?

Während bis zur Reformation der Nikolaus und das Christuskindchen, das in katholischer Tradition zum Weihnachtsfest im damals praktizierten Krippenkult durchaus gewürdigt wurde, friedlich koexistierten, führte die Glaubensspaltung im 16ten Jahrhundert zu einer verstärkten Heiligenverehrung von Seiten der Katholiken, derweil die protestantischen Regionen das Christkind bereits als Gabenbringer würdigten. Ein Neuruppiner Bilderbogen von 1890 gibt Aufschluss über die aberwitzigen Folgen dieser Situation: Der in Einzelteilen abgedruckte Nikolaus, welcher auf den Bögen zum Ausschneiden und Basteln einer Hampelmannfigur dargestellt ist, taucht nämlich in zwei Versionen auf; einmal, für den katholischen Kundenkreis, als heiliger Bischof in altbekannter Weise. Die zweite Fassung – für die protestantische Zielgruppe – zeigt das gleiche Bild, nur dass hier die bischöfliche Mitra mit einer roten Zipfelmütze übermalt ist. Mit einem entkatholisierten Nikolaus konnten sich nämlich auch die Protestanten gut anfreunden, schon Jahrzehnte bevor diese Variante des weißbärtigen Mannes im roten Kostüm 1931 von Coca-Cola als Werbefigur entdeckt wurde.

Im Laufe der Jahrhunderte und den mit ihnen verbundenen gesellschaftlichen Veränderungen setzte sich Weihnachten, spätestens im 19ten Jahrhundert, als allgemeines Schenk- und Bescherfest durch, auch in katholischen Regionen. Diese entdeckten das Christkind in der Gestalt des himmlischen Jesusknaben nun auch für sich. Bis heute zeigt der Atlas deutscher Alltagssprache eine deutliche Trennung zwischen dem überwiegend katholischen Süd- und Westdeutschland, in dem weiterhin das Christkind die Geschenke bringt, und dem vorwiegend protestantischen bzw. konfessionslosen Nord- und Ostdeutschland, wo sich der Weihnachtsmann im Sprachgebrauch durchgesetzt hat.

Eine Studie der Universität Augsburg hat ergeben, dass „eine Tendenz zur Verdrängung des Christkinds durch den Weihnachtsmann allenfalls für das rheinische, nicht aber für das gesamte deutsche Sprachgebiet bestätigt“ werden kann. Auf diese Weise scheinen sich die lebensklugen Rheinländer ihren Nikolaus auf Umwegen zurückerobert zu haben. Oder leben im Rheinland inzwischen einfach mehr Protestanten als Katholiken? Für Düsseldorf, so munkelt man, könnte diese Feststellung bald zutreffen. Da sich die Landeshauptstadt ohnehin durch ein offenes, friedvolles Zusammenleben unterschiedlichster Religionen auszeichnet, werden sich die

Geister kaum an dieser innerchristlichen Problematik entzweien. In der Schweiz ist übrigens ein für unsere Ohren abenteuerlich klingender Kompromiss aus beiden Benennungen geläufig: Dort sorgt das Weihnachtskindli für die Geschenke und sprachliche Ordnung.

Zur Freude aller Kinder lässt sich hierzulande feststellen, dass sich letztlich alle überlieferten Gabenbringer erfolgreich etabliert haben. Zwar findet die größere Bescherung deutschlandweit am Weihnachtsabend statt, doch ist dies längst kein Grund für den Nikolaus, nicht schon am sechsten Dezember die bereitstehenden Stiefel zu füllen. Soweit, so gut, sollte man nun meinen. Hätte Nikolaus nicht noch einen bösen Begleiter an seiner Seite, dessen Bezeichnungen wie Erscheinungsbilder erneut massiv voneinander abweichen. Sein bekanntester und auch in Düsseldorf gebräulicher Name ist Knecht Ruprecht. Obwohl auch sein Erscheinungsbild gebietsweise variiert, kennen ihn die meisten mit scheppernden Ketten, geschwärztem Gesicht und einer bedrohlichen Rute, deren ursprüngliche Bedeutung übrigens eine positive war und deren Berührung Fruchtbarkeit verheißen sollte. Erst als das Weihnachtsfest für universalpädagogische Zwecke nutzbar gemacht wurde, kam man auf die glorreiche Idee, wozu sich der mitgeschleppte, ehemals segensbringende Zweig noch einsetzen ließ. Diese düstre Schreckensgestalt wird verbreitet in linksrheinischen Gegenden, von Duisburg bis ins Saargebiet „Hans Muff", am Niederrhein dagegen „Zink Muff" oder „Zink Knatsch" genannt. Die Niederländer sagen „Zwarter Piet", die Bayern „Klabauf" und die Österreicher „Krampus". Und wieder sind es die Schweizer, die einen Namen erfunden haben, der neben dem landläufigen „Schmutzli" besonders in Düsseldorfer Ohren erstaunlich klingt. Die vorweihnachtliche Schreckensgestalt heißt dortzulande tatsächlich „Düsseli".

X wie X-mas

Jahrtausende des Insellebens haben im Vereinigten Königreich England vieles Erstaunliche hervorgebracht. Neben kulturellen und gesellschaftspolitischen Glanzleistungen sowie bahnbrechenden technischen Errungenschaften, die für ganz Europa wegweisend waren, hat sich auch ein unverwechselbares britisches Naturell verfestigt, welches nicht zuletzt durch Asterix' Besuch bei den Briten als ein sehr spezielles populär geworden ist. Ob die isolierte Lage, der ständige Regen oder das stark polarisierende Essen für die Entstehung des britischen Humors verantwortlich gemacht werden müssen, lässt sich nicht beantworten; in jedem Fall sollte dieser einzigartige Humor bei jeder Gelegenheit, die sich bietet, gelobt werden. Und auch dann, wenn die sich bietende Gelegenheit nur eine entfernte ist.

Dass ein solch außergewöhnliches Land auch ganz eigene, eigenwillige Sitten zum Weihnachtsfest besitzt, hat uns Mr. Bean zwar schon verdeutlicht, aber noch längst nicht das ganze Ausmaß des Bizzaren aufgezeigt, das es im alten England gab. Damals stand nämlich ein Eberkopf – auf einer Platte serviert – im Mittelpunkt des Weihnachtsgeschehens.

Diese Geld und Glück verheißende Tradition änderte sich mit dem 24sten Dezember des Jahres 1588. Als Königin Elisabeth I. an jenem Abend von dem Sieg über die spanische Flotte erfuhr, soll ihr gerade eine Gans zum Abendessen aufgetragen worden sein. Zum Andenken an dieses bedeutsame Ereignis wurde die Gans fortan als weihnachtlicher Festtagsbraten serviert, bis diese sukzessive von dem favorisierten Truthahn der Amerikaner verdrängt wurde, welcher in Großbritannien nach dem Zweiten Weltkrieg seinen Siegeszug begonnen hat und heute millionenfach am Christmas Day verzehrt wird – an Bratkartoffeln und Rosenkohl.

Besuchen wir Düsseldorfs Partnerstadt Reading zur Weihnachtszeit, begegnet uns ein buntes, fröhliches Fest, das viele Elemente des hiesigen Karnevals und Silvesterabends mit landestypischen Weihnachtsbräuchen verbindet. Schließlich ist Weihnachten nichts anderes als eine Geburtstagsparty – nämlich die von Jesus Christus. Auf Englisch lässt sich dieser Umstand selbstredend noch viel treffender ausdrücken: Jesus is the Reason for the Season! Und was unsereins mitunter mit stiller Einkehr und bestem Betragen verbindet, wird in England ausgelassen mit Knallbonbons, Luftschlangen und Ballons zelebriert. Wem Mr. Bean wegen seines weihnachtlichen

Papierhütchens auf dem Kopf besonders komisch erschien, wird nun enttäuscht werden. Die Papierkrone ist in diesem Fall kein Stilmittel fortgeschrittener Parodie, sondern ein übliches britisches Weihnachtszubehör wie der Weihnachtsbaum oder Mistelzweig im Türrahmen. Mit letzterem sollten übrigens die bösen Geister vertrieben werden. Dass sich dieser Brauch seit vorchristlichen Zeiten großer Beliebtheit erfreut, könnte neben der Geisterabwehr noch einen anderen Grund haben: Wer unter dem Mistelzweig steht, darf nämlich geküsst werden!

Wie in Deutschland auch, lockern sich jedoch viele feststehende Abläufe zusehends, der kirchliche Einfluss lässt drastisch nach und die Weihnachtstage werden immer freier gestaltet, beziehungsweise individuell gemanagt. In England haben die Geschäfte mitunter bis Mitternacht geöffnet – und zwar auch an den Weihnachtstagen – so dass vom christlichen Bestreben nach Ruhe und Versenkung keine Rede mehr sein kann. Während das klassische Weihnachtsfest auch in England den obligatorischen Besuch einer Mitternachtsmesse umfasste, bemüht sich Großbritannien dagegen heute, der Fülle verschiedener Religionen im eigenen Land politisch korrekt gerecht zu werden. Der angestrebte Weg, Begriffe christlichen Ursprungs langfristig durch neue Wendungen wie „winter festival“ zu ersetzen, ruft auch unter Engländern skeptische Einwände hervor. Die hitzigen Bemühungen, traditionelle Krippenspiele oder kirchliche Weihnachtslieder, die einst fester Bestandteil vorweihnachtlicher Einstimmung waren, nun aufgrund einer „political correctness“ aus den Schulen zu verbannen, offenbaren, dass der souveräne Umgang mit religiöser Pluralität ein zentrales Problem des Weihnachtsfestes in unserem Jahrhundert zu werden scheint.

„Christmas Eve“, der Heilige Abend, steht bei den meisten englischen Familien jedoch bis heute noch unter dem Stern der Weihnachtsvorbereitungen und reichlichen Dekorationen in Haus und Garten. Da die Engländer begeisterte Weihnachtskartenschreiber sind, wird mitunter eine lange Schnur voller Grußkarten durch das Zimmer gespannt, wenn der Platz auf dem Kaminsims nicht mehr ausreicht. Die Kinder hängen an diesem Abend, in freudiger Befüllungserwartung, Socken an den Kamin und stellen, habe ich mir sagen lassen, als Verpflegung für Santa Claus ein Glas Portwein und eine Schale Gebäck auf den Weihnachtstisch. Danach begeben sie sich auf Tournee, um in der Nachbarschaft „Christmas Carols“ zu singen – diese Gepflogenheit kennen wir in Düsseldorf von Sankt Martin her, mit minimalen Abweichungen. Die englischen Kinder singen nämlich, das ist zu diesem Zeitpunkt nicht verwunderlich, Weihnachtslieder (die sogenannten Christmas Carols), halten keine Laternen in der Hand und erhalten für ihre Darbietungen ein paar Pennys anstelle von Klömpche – doch ansonsten ist alles gleich. Trotz aller offensichtlichen Unterschiede, gibt es also auch überraschende Gemeinsamkeiten zwischen Düsseldorf und Reading, die seit 1947 eine der weltweit ersten freundschaftlichen Partnerschaften pflegen. Seit 1981 gibt es in Reading übrigens ein Radschlägerdenkmal; hochoffiziell ist die Städtepartnerschaft seit 1988.

Entgegen der verbreiteten Annahme, die Geschenke gäbe es in England erst am Boxing Day, dem 26sten Dezember, fällt die britische Bescherung auf den Morgen des 25sten Dezembers, dem Christmas Day. Denn in der Nacht zuvor kam Santa Claus mit seinem Rentierschlitten über die Dächer geflogen und ist durch den Kamin gerutscht! Noch vor dem Frühstück dürfen die Kinder nachschauen, welche Geschenke Santa Claus ihnen in die Socken gepackt hat. Auch hier haben die Präsente im Laufe der Zeit aus Kapazitätsgründen den Ausweichplatz unter dem Weihnachtsbaum oder auf einem Weihnachtstisch erobert.

Der klassische Ablauf sieht dann, gegen Mittag, das Festessen vor, bei dem der typische Christmas Pudding nicht fehlen darf. In dieser Nachspeise sind oft Münzen versteckt, die dem Finder Glück versprechen. Im Anschluss an das Essen versammelt sich die Familie vor dem Fernseher, um die alljährliche Weihnachtsansprache der Königin anzusehen. Vor drei Jahren feierte diese übrigens bereits ihr 50-jähriges Jubiläum – damit ist die Ansprache nur vier Jahre jünger als die Amtszeit der Queen!

Zum Nachmittagstee, der bekanntlich nie fehlen sollte und schon gar nicht an einem solch freudigen Tag, wird dann häufig ein „Christmas Cake" (Früchtekuchen mit Marzipan und Zuckerglasur) gereicht. Zugegeben, auf den besinnlichen Deutschen, der die englischen Gepflogenheiten nicht kennt, wird der bunte Schnickschnack mit Papphut, Knallbonbons und -fröschen zunächst etwas absonderlich wirken. Hat man sich jedoch daran gewöhnt, dass gute Laune und Ausgelassenheit ein fester Bestandteil des Weihnachtsfestes sein dürfen, erscheint die britische Herangehensweise durchaus überzeugend. Zudem es sicher nicht verkehrt ist, schon mittags mit dem Festessen zu beginnen, statt sich mit heimlichen Naschen bis in den späten Abend durchbringen zu müssen.

Den 26sten Dezember nennt man in Großbritannien „Boxing Day“. Während sich in unseren Gegenden am zweiten Weihnachtsfeiertag höchstens ein innerfamiliäres „Boxing“ um die Geschenke assoziieren ließe, geht der Begriff in Wirklichkeit auf den alten Brauch zurück, dass früher die Lehrlinge an diesem Tag mit einer „Box“ ihre vertraglich vereinbarte Weihnachtsgratifikation abgeholt haben. Bis heute bedankt man sich in England mit einem kleinen Trinkgeld bei den Personen, die während der Feiertage arbeiten müssen.

Einen Klassiker unter den Christmas-Carols verkörpert „We wish you a Merry Christmas“, dessen Ursprung bis in das 16te Jahrhundert zurückgeht. Hierin wird nicht nur die Sitte des Singens selbst thematisiert, bei der die Carol-Singers durchaus eine Gegenleistung für ihre Darbietungen erwarten, sondern auch ein „figgy pudding“, welcher dem heutigen Christmas Pudding (in Deutschland verbreiteter unter dem Namen „Plumpudding“) nicht unähnlich ist. Die Zusammensetzung kann sowohl einer Familientradition als auch regionalen Regeln folgen. Das Geheimnis der düsteren Masse liegt irgendwo zwischen Rinderfett, Zucker, schwarzem Sirup, Rosinen, Brotkrumen, Eiern, Gewürzen und Alkohol; mitunter auch Mehl, Orangen- oder Zitronenschalen, geriebenen

Möhren oder Äpfeln und Mandeln. Wen diese Spezialität mit Unbehagen erfüllen sollte, kann sich mit einem Gedanken trösten: Kaum jemand wird sich mit solch' hingebungsvollem Appetit an unser Düsseldorfer Himmel un' Ähd heranwagen wie unsere englischen Freunde, die mit der Erfahrung vertraut sind, dass vieles deutlich besser schmeckt, als es ausschaut.

Y wie Yesterday

Ein Weihnachtsmärchen.

Am Abend eines 23sten Dezembers begab es sich, dass eine junge Frau namens Nicola noch spät durch Düsseldorfs Altstadtstraßen irrte und eine offene Bleibe suchte, um sich kurz aufzuwärmen. Sie zitterte nämlich vor Kälte und die Glühweinstände des Weihnachtsmarktes hatten für diesen Winter bereits endgültig ihre Pforten geschlossen. So begab es sich, dass sie erschöpft, aber froh über ihre letzten Geschenkekäufe, eine Kneipe betrat, in der sich wundersame Gestalten zusammendrängten. Sie bestellte an der Theke ein Bier und schleppte sich danach mitsamt ihrer vielen Einkaufstüten zum hintersten Tisch der Gaststätte, an dem sie sich geräuschvoll niederließ. Wohlgemut zog sie ihre Handschuhe aus und wollte es sich gerade gemütlich machen, als sie unter dem Tisch gegen etwas Weiches stieß. Nicola erschrak, bekam aber just in diesem Moment ihr Bier gebracht, so dass sie sich zunächst artig beim Kellner bedankte und erst danach vorsichtig nachtrat. Das Weiche unter dem Tisch räusperte sich empört. Nicola stutzte.

Sie trank einen Schluck und beugte sich dann zaghaft

vor, um nachzusehen, wer sich dort, im Dunkel der hintersten Kneipenecke, verbergen möge. Was sie sah, erstaunte Nicola derart, dass sie sich vorsichtshalber wieder aufsetzte und vergewisserte, wirklich erst einen Schluck getrunken zu haben. Doch als sie erneut unter den Tisch schaute, saß da immer noch ein kleiner weißer Wicht und winkte ihr verlegen zu. „Ja, wer bist du denn?“, entfuhr es ihr da. Und der Wicht antwortete: „Meinen vollen Namen kenne ich nicht, aber...“ – in seiner Stimme schwang plötzlich ein unüberhörbarer Stolz mit – „ich entstamme ganz bestimmt einem Adelsgeschlecht!“

Im Hintergrund setzte gerade eine Hardrock-Version von „Oh Tannenbaum“ ein; alle Gäste gröhlten und Nicola fühlte sich in ihrer Ecke unbeobachtet genug, um sachte unter den Tisch zu gleiten. Dieses Kerlchen wollte sie doch einmal näher kennenlernen. „Wie kommst du denn darauf?“, fragte sie und der Gnom verkündete: „Dort, wo ich früher gewohnt habe, hieß es immer, ich wäre *von Gestern.*“

„Interessant“, schmunzelte Nicola, „und wo hast du früher gewohnt?“

„Im Schlossturm!“, antwortete das Kerlchen, erklärte aber sofort mit angsterfüllten Augen, „dahin werde ich aber nie mehr zurückgehen! Die schwarzseidene Dame hat dort kopflos, wie sie ist, so viele böse Geister ein-

ziehen lassen, dass es mich dort fürchtet. Ich bin zwar ein Gespenst, aber ich bin schließlich ein *von Gestern,* da brauche ich mich nicht von dem fürchterlichen Gesindel dort einschüchtern zu lassen. Vor zwei Wochen bin ich hier eingezogen. Dies ist das Heim der Engelchen, da trauen sich die Schreckgestalten nicht hin!"
Nicola überlegte, ob sie dem niedlichen Gnom erklären sollte, dass diese Rockkneipe zwar Engelchen heißt, aber mit den geflügelten Himmelsboten wenig zu tun habe? Sie entschied, dem Kleinen erstmal einen Namen zu geben und sagte: „Was hältst du davon, wenn ich dich „Yesterday" nenne? Das klingt schön, ist ungewöhnlich und scheint sehr gut zu dir zu passen." Der weiße Wicht lief vor Freude rot an. „Du möchtest mir einen Namen geben?", sagte er und krabbelte unter dem Tisch hervor. Er setzte sich zwischen Nicolas Tüten auf die Holzbank, reichte ihr seine fingerlose Hand und sagte strahlend: „Ich bin Yesterday und es freut mich, dich kennenzulernen." Zufällig kam in diesem Augenblick wieder der Kellner vorbei. Er musste schon weitaus merkwürdigere Gäste bedient haben, denn er schien sich über die Blässe des Kobolds weniger zu wundern, als über dessen Körpergröße. Als Yesterday nämlich ebenfalls ein Bier bestellte, meinte er lediglich flüchtig: „Biste denn schon 16?" – „Selbstverständlich", entgegnete dieser, und als

der Kellner zufrieden nickend verschwand, erklärte der Gnom seiner neuen Freundin: „Genau genommen müsste ich ungefähr 150 sein."
Das, was er bei seiner Suche nach einer neuen Behausung von der Stadt gesehen hatte, berichtete Yesterday, war ihm äußerst fremd erschienen. Hätte er nicht sicher gewusst, den Schlossturm in den vergangenen Jahrzehnten überhaupt nicht mehr verlassen zu haben, wäre er sich nicht sicher gewesen, überhaupt noch in Düsseldorf zu sein. Aufgeregt erzählte er von dem Leuchtriesen, der den gesamten Bahnhof aufgefressen haben müsste, ihn aber verschont hätte. Nicola, die zufällig wusste, dass die Fernzüge früher vom Graf-Adolf-Platz abgefahren waren, erklärte behutsam, dass der Riese auf den Namen „GAP" höre, nicht so gefährlich sei, wie er aussehe und der Hauptbahnhof einst freiwillig umgezogen sei. Der Kobold lauschte aufmerksam und schien noch viele andere Fragen auf dem Herzen zu haben. „Warum tragen die Leute solche blinkenden Mützen auf dem Kopf? Es ist doch hell genug", wunderte sich Yesterday.
„Oh, das hat mit Weihnachten zu tun", holte Nicola aus, nicht genau wissend, wie sie knapp und glaubhaft zusammenfassen sollte, in welcher Weise sich das Weihnachtsfest in den vergangenen Jahrzenten verändert hatte. Aber das clevere Kerlchen hatte schon selbst eine Beobachtung

gemacht: „Das hätte ich mir denken können. Ich habe vor zwei Wochen sogar die Kutsche vom Christkind gesehen! Es muss sich viel verändert haben – früher hätte das Christkind niemals dergleichen sichtbar in der Stadt geparkt." Diesmal wusste Nicola wirklich nicht, was der Wichtel meinen könnte. Also wiederholte sie „Kutsche?" und Yesterday erklärte abgeklärt: „Naja, die sind heute auch nicht mehr das, was sie mal waren. Dieses große Gefährt an der Alleestraße war dennoch bis zum Dach mit Geschenken befüllt."

Da begriff Nicola, dass Yesterday den Gepäckbus gesehen haben musste. Sie erklärte seine Funktion, und die Augen des Wichtes gingen vor Staunen über. Welch güldene Zeiten waren da angebrochen, dass die Menschen mehr Geschenke kaufen als tragen konnten! Sie versuchte, seinen Überschwang etwas zu mildern und sagte: „Die Zeiten sind aber auch komplizierter geworden, weißt du? Viele Menschen feiern inzwischen gar nicht mehr und fahren in den Urlaub. Andere kaufen sich Ratgeberbücher, wie man Weihnachten ohne Streit übersteht." Vorhin hatte sie erst ein Buch mit dem Untertitel gesehen: „Die Weihnachtsfreude wiederfinden." Darin stand erklärt, wie man die Feiertage am besten organisieren sollte, dass der Heilige Abend auch gelingen könne. Yesterday schien das nicht nachvollziehen zu können. „Vieles ist einfacher geworden“ bemühte sich Nicola zu veranschaulichen, „dadurch ist vieles schneller geworden, und je schneller alles wurde, desto komplizierter und stressiger wurde es auch.“ Yesterday schien sich nicht vorstellen zu können, was an Feiertagen stressig sein sollte. Da kam ihr eine Idee. Sie schlug dem Kobold vor, die Weihnachtszeit einfach mit ihr zu verbringen. Sie würde ihn problemlos in einer ihrer großen Einkaufstüten unbemerkt durch die Stadt befördern können. Ihre Familie, da war sie sich sicher, hätte gewiss nichts gegen einen weiteren Gast, schon gar nicht, wenn er derart benachteiligt aussah wie Yesterday. Und spätestens, nachdem sie mit dem Wicht im Anschluss an die Feiertage einen Ausflug in den dann wieder geöffneten Media Markt gemacht hätte, würde er die Gruselgestalten in seinem heimatlichen Schlossturm bestimmt mit neuen Augen sehen und anstandslos dorthin zurückziehen.

Z wie Zimtmonde

Ein Interview mit Bäckermeister Josef Hinkel

Ich habe die Eingangstür noch nicht hinter mir geschlossen, da fragt Josef Hinkel mich schon: „Croissant?“ – Das ist die angenehme Seite davon, einen Bäckermeister in aller Herrgottsfrühe zu besuchen!

Sandra Honnef: Ich würde gerne mit Ihnen über Ihre Kindheit in Düsseldorf sprechen, mit dem Schwerpunkt auf Weihnachten, natürlich.

Josef Hinkel: Meine Kindheit war klar, das ist natürlich so in einer Bäckerfamilie, vom Geschäft gekennzeichnet. Das heißt, wir hatten nicht ab dem 23sten, wenn Papa abends nach Hause kam, schon frei für Weihnachten; sondern es wurde noch bis zum nächsten Mittag gearbeitet. Bis dahin war noch volles Programm bei meinen Eltern, – wie bei mir jetzt letztendlich auch. Da mussten die Leute im Geschäft, die selbst Weihnachten schön feiern wollen, natürlich mit leckerem Brot und Plätzchen versorgt werden. Ja und dann, so ist es auch schon in meiner frühesten Kindheit üblich gewesen, gab es in der Maxkirche eine Kinderweihnachtsfeier. Da sind wir

dann nachmittags hingegangen, nachdem wir Mittag gegessen hatten. Genau, das war auch immer ganz wichtig bei uns und ist jetzt noch Tradition, da gab es immer Zwiebelsoße – also gekochtes Rindfleisch mit Zwiebelsoße, Kartoffeln und grünem Salat. Das war immer das traditionelle Nach-Geschäft-Essen, das ging auch immer sehr schnell. Das Rezept stammt aus dem Haushalt meiner Mutter. Die kam aus Westfalen aus einer Gaststättenfamilie, die hatten ein Gaststättenhaus, und dieses Essen ist so ein *(Josef Hinkel wird schwärmerisch)* ganz traditionelles, bürgerliches, köstliches Gericht.
Honnef: Wurde denn, trotz des Geschäftes, noch ein großer Aufwand mit dem Baumschmücken betrieben? Und wie sah dann der weitere Tagesablauf aus?
Hinkel: Ja, klar, mit Lametta und mit allem, was dazu gehört, natürlich! Und dann folgten die typischen Bummel mit meiner Mutter und meinem Vater zusammen, über die ganzen Kirchen, die ihre Krippen aufgebaut haben, in der Maxkirche und in der Andreaskirche. Auf der Herzogstraße gab es früher eine Kirche, die ist abgerissen worden, die Klosterkirche, da waren wir auch. Danach ging's in die Peterkirche. Wir sind also zu allem, was im näheren Bereich lag, hingefahren, *(verbessert sich)* nein, hingegangen. Wir haben 'nen Spaziergang gemacht und haben uns die Krippen angeschaut. Das war ganz schön.

Honnef: Sind Sie denn in einer großen Familie aufgewachsen?
Hinkel: Ja, wir sind zu sechs Geschwistern. Also wir sind wirklich viele! Ich bin die Nummer drei, also mittendrin, und das fand ich immer ganz prima. – Ja, und dann hat so 'ne Familie ja nicht nur die eigene Familie, sondern natürlich auch die Verwandtschaft. Sprich der Burgplatz-Hinkelbäcker, das ist mein Onkel damals noch gewesen, kam dann natürlich auch mit seiner Familie zu uns rüber. Also man trifft sich nach der Hochamtsmesse. Wir sind natürlich als Rheinländer katholisch orientiert, und dann geht man auch ins Hochamt. Danach gab es dann bei uns das Essen. Für die Älteren gab es ein bisschen Sekt, dann das Mittagessen, danach wurde gequatscht und am Ende gab es natürlich Kaffee und Kuchen. Und dann tingelte auch jeder wieder Richtung Heimat. So ist eigentlich der traditionelle Ablauf von Weihnachten, denn danach geht's ja schon wieder weiter. Wenn man Bäckermeister ist, geht's dann gedanklich schon wieder in Richtung Jahresende. Dann muss man anfangen zu überlegen, wie ist die Wochenkonstellation, man muss überlegen, wieviele Neujährchen und wieviel Brot gebacken werden soll, und so weiter.
Honnef: Nun sind Sie sicher auch jemand, der mit den Weihnachtsvorbereitungen schon viel früher beginnt?

Hinkel: Ja, das beginnt bei uns tatsächlich schon im März, da geht's wirklich schon los mit der Produktion für die ersten Spitzkuchen. Das ist so 'ne typische, ja eigentlich eine rheinische Spezialität, so ein bisschen wie Lebkuchen. Der Teig muss selber auch vier Monate lang liegen, bis er weiterverarbeitet wird. Zuerst in Strängen, wird dann gebacken, dann muss der wieder liegen und wenn der schön zäh geworden ist, dann wird der in kleine Dreiecke geschnitten; und dann muss der wieder lagern und dann kommt der tatsächlich erst in die Verarbeitung, wird mit Schokolade überzogen und kommt dann ins Geschäft rein. Das passiert dann aber wirklich erst ab November, wenn's dann kühl ist. Ja, und die Printenteige natürlich auch, die machen wir ja witzigerweise auch über das ganze Jahr, aber über die wollen wir jetzt gar nicht reden, die nimmt man ja auch gar nicht zum Essen, sondern meistens zum Kochen, für Parfaits oder Sauerbratensoßen. Aber Printen laufen natürlich auch in verschiedenen Varianten im Weihnachtsgeschäft. Dieser Teig muss auch schon vier Monate vorher gebacken werden. Das heißt – wir haben jetzt August – es stehen schon die ersten Teige, die uns ins Weihnachtsgeschäft reinweisen.
Honnef: Wo war denn das Familienhaus früher?
Hinkel: Ursprünglich auf der Mittelstraße, wo jetzt der

Laden ist. Dann bin ich da aber mit sechs, sieben Jahren, kann auch sein acht, mit der ganzen Familie hier rüber gezogen. Da mein Papa schon damals nen dynamischen Betrieb hatte, war es so, dass wir den vergrößern mussten. Hier war einfach noch genug Gewerbe, und dann hat er den Laden übernehmen können.

Honnef: Diese neue Adresse war dann schon die Hohe Straße 31?

Hinkel: Ja, genau.

Honnef: Es ist ja hier eine der schönsten Gegenden von Düsseldorf, finde ich.

Hinkel: Ja, wenn wir das damals gewusst hätten …!

Honnef: … hätten Sie das ganze Viertel gekauft?

Hinkel: Nein, *(lacht)* das nicht, aber wenn das damals bekannt gewesen wäre, hätte man das gar nicht kaufen können! Damals, als wir das gekauft haben, war das noch bezahlbar, aber seitdem – soviel Geld, wie hier für die Immobilien verlangt wird, kannst du als Bäcker gar nicht mehr verdienen. Aber ich kann mich nicht beschweren. Wir haben hier ne Produktionssfläche von fast 600 Quadratmetern, das ist schon sensationell. Haben ganz viele Leute in der Innenstadt nicht.

Honnef: Und es riecht auch in der ganzen Ecke immer wunderbar, sehr appetitanregend, nach frischem Brot. Aber nun nochmal zurück zu Ihrer Kindheit: Gab es da

irgendein Nikolaus-Erlebnis, an das Sie sich erinnern?
Hinkel: Natürlich haben wir Nikolaus gefeiert, aber wir haben das anders gemacht. Wir haben den selber nie gesehen, so wie meine Kinder den heute immer sehen, wenn wir zu den Schwiegereltern rausfahren. Wir haben abends im Bett gelegen, haben Nikolaus-Lieder gesungen, sind glücklich eingeschlafen und morgens zack, da waren in den Stiefeln, die wir ins Treppenhaus gestellt haben, schon die Geschenke drin, mehr habe ich nicht erleben können.
Honnef: Aber dafür dann auch keinen Knecht Ruprecht?! Ich glaube, eine Kindheit in Düsseldorf muss schon immer sehr idyllisch gewesen sein. Mir hat bislang noch keiner was von Knecht Ruprecht erzählt!
Hinkel: Nee, das wäre auch nicht typisch fürs Rheinland. Die Rheinländer sind sehr lebensbejahend, sehr lebensfroh. Sehr katholisch, würde ich mal sagen, im positiven Sinne, und das kann eigentlich gar nichts mit Angsthaben zu tun haben, *(lacht.)* – Was fällt mir denn da noch Nettes ein? Sankt Martin gehört aber nicht mehr zu Weihnachten, oder?
Honnef: Doch, sehr wohl. Das war mir vor der Recherche für dieses Buches auch nicht bewusst, wie sehr das zusammen hängt.
Hinkel: Sankt Martin ist in Düsseldorf ja viel wichtiger

als der Nikolaus, witzigerweise, wobei der Weckmann ja ursprünglich einen Nikolaus darstellt! Nun, im Rheinland gibt es zu Sankt Martin natürlich dann auch die typischen Dinge; angefangen vom Laterne-Basteln, auch zu Hause teilweise, das passiert nicht nur in Kindergarten und Schule, bis eben natürlich auch zum Martinszug gucken. Das steht aber bei mir auch im Kontext mit dem Betrieb, denn ich muss natürlich an dem Tag im Laden stehen, dann geht die Post natürlich ab. Dann schleich' ich mich mit meinen Kindern immer raus, wenn der Zug kött, und guck mir den an; und dann geht's ruckizucki wieder ins Geschäft rein, weil nämlich dann das Gripschen losgeht. Das haben wir als Kinder auch schon gemacht. Durch die Stadt und die Straßen ziehen und in den verschiedenen Geschäften singen. Was natürlich früher, das ist aber jetzt vielleicht ein bisschen durch ne Brille gesehen, aber deshalb noch viel witziger war, weil es viel mehr Einzelhandelsgeschäftchen gab, wo man den Chef noch persönlich sehen konnte. Das ist heute anders. In der Flinger Straße geht das gar nicht mehr, in der Mittelstraße kaum noch. In der Hohe Straße schon und auch am Karlplatz noch – aber es hat sich schon ein bisschen verändert, das geb' ich gern zu. Aber sonst sind die Traditionen genauso geblieben.

Honnef: Haben Sie als Jugendlicher denn den Brauch

miterlebt, dass sich Jugendliche in der Altstadt treffen? Später wurde dann ja die Ratinger Straße zum Treffpunkt.

Hinkel: Nee, ich nicht. Also ich bin in der Hinsicht sehr – behütet kann man nicht sagen, aber sehr familienbezogen, nach innen gerichtet aufgewachsen. Dadurch, dass wir sechs Kinder waren, war immer genug Stimmung bei uns zu Hause; ganz im Gegenteil, es waren oft nicht nur sechs Kinder da, sondern teilweise acht und neun, weil ja dann auch noch Freunde dabei waren. Wir haben da immer ein offenes Haus gehabt. In meinem Leben, um das mal ganz plakativ zu sagen, bin ich zum ersten Mal bei der Bundeswehr betrunken gewesen. Das musst du dir mal vorstellen! Da war ich schon längst durch die Lehre durch. Wir sind auch immer gemeinschaftlich in den Urlaub gefahren, das war auch immer sensationell schön; da haben wir auch immer Stimmung gehabt. Wir sind natürlich jetzt hier in der Maxgemeinde groß geworden, und ich bin dann auch früh in die Lehre gekommen. Wenn du mich jetzt fragst, da müsste ich 16 gewesen sein, Pi mal Daumen. Und da geht normalerweise die Zeit los, wo man in die Altstadt geht, aber da ist natürlich nicht daran zu denken, wenn man eine Bäckerlehre macht! Das ist nicht kompatibel mit „abends in die Altstadt gehen". Ich habe mir aber auch überhaupt keine Gedanken gemacht. Mir ist erst nachher aufgefallen, dass es völlig anders war als bei fast allen meiner Gleichaltrigen. Ich hab aber auch gar nicht das Bedürfnis gehabt hinzugehen. Ich hab das auch nicht nachgeholt. Das liegt vielleicht auch daran, dass ich immer sehr gut mit meinem Vater konnte. Er hat mich auch schon relativ früh in die Gedankenwelt des Betriebes eingebunden, dadurch hab ich seine Philosophie auch aufgesogen, wie so ein kleiner Schwamm.

Honnef: Hätten Sie damals vor der Zwiebel gestanden, hätten Sie Doro Pesch dort kennenlernen können. Die war früher nämlich dort, hat sie mir am Montag erzählt. Aber ich weiß auch nicht, ob das Trinken in der Jugend zu den Dingen gehört, die einen im Leben wirklich weiterbringen ...!

Hinkel: Es bringt einen schon weiter, weil man sich natürlich auch ein bisschen von dem Rockzipfel seiner Eltern freistrampeln muss, und ich hab das irgendwie nie nötig gehabt. Abgesehen davon – der Mensch entwickelt sich ja auch wirklich unterschiedlich, und ich bin eher jemand, der sich relativ langsam, aber nachhaltig entwickelt. Also ich denke, dass das Leben dann wirklich Riesenspaß macht, wenn man sich neuen Aufgaben stellt, dann entwickelt man sich auch da rein. Vom Obermeister angefangen bis hin zum Karnevalsprinzen.

Honnef: Haben Sie denn je ans Christkind geglaubt? Also, gab es diese Illusion auch vom Elternhaus?

Hinkel: Also, ich glaub da ja noch immer dran!

Honnef: Oh, das tut mir jetzt leid. *(Kurze, betretene Stille, dann lachen beide.)* – Wie ist es denn jetzt mit Ihren Kindern? Also, jetzt ist ja schon 'ne neue Situation da!

Hinkel: Genau. Aber die ist nicht wesentlich anders, das ist das Verrückte.

Honnef: Wie viele Kinder haben Sie, wenn ich fragen darf?

Hinkel: Wir haben fünf Kinder. Ich hab's auf fünf geschafft! Es gibt immer noch natürlich den Sankt-Martinszug, den gucken wir uns gemeinschaftlich an. Inzwischen bin ich derjenige, der all die Kinder mit Süßigkeiten und Weckmännern versorgt. Nikolaus ist da etwas anders, bei meinen Schwiegereltern in Viersen. Dann können wir immer den Nikolaus kommen lassen, mit Knecht Ruprecht dabei, ein sehr netter aber! Und die Kleinen glauben das natürlich auch noch. Da waren wir eben stehen geblieben. *(Lacht vergnügt)*

Honnef: Verkleidet sich dann jemand aus der Familie?

Hinkel: Nee, auf dem Land ist das anders, da kann man wirklich in 'ner Agentur anrufen und dann kommen irgendwelche verkleideten Leute. Die kriegen einen Zettel in die Hand gedrückt und dann fangen die an zu erzählen. Das machen die auch nett. Und Weihnachten ist es immer so, dass es bei meiner Mutter drüben natürlich noch die Zwiebelsoße gibt, mit Kartoffeln und Rindfleisch. Und dann ist halt Kindermette in der Maxkirche, da gehen wir dann immer hin und machen dann hier Bescherung. Danach fahren wir zu den Schwiegereltern raus, und dann fahren wir zurück. Im Anschluss gibt's noch bei Mama und Papa Bescherung untereinander. Und am ersten Feiertag sind wir dann mit allen Geschwistern bei meinen Eltern drüben, am zweiten sind wir noch mal bei den Schwiegereltern draußen – und dann ist Weihnachten schon wieder gelaufen.

Honnef: Ja, erst ein Riesenaufwand und dann ist alles immer ganz schnell vorbei.

Hinkel: Hammer, ne?!

Honnef: Dann interessieren mich noch Ihre Winterspezialitäten, die Weihnachtsgebäcke, wie beispielsweise die Zimtmonde. Was ist deren Besonderheit?

Hinkel: Also ein bisschen humoristisch – das darf man ja ruhig auch sein – ausgedrückt, sind das die Zimtsterne für die muslimischen Mitbrüder *(lacht).* Letztendlich sind das zwei verschiedene Zimtsterne-Rezepte. Die Zimtsterne sind ja eigentlich relativ locker; und die Zimtmonde haben halt eben noch einen relativ hohen Marzipananteil mit Mandeln.

Honnef: *(À la Alfred Biolek)* hmmmm ...!

Hinkel: Ich finde die auch köstlich und möchte nicht sagen, entweder die oder die, sondern mache deswegen auch noch Monde. Die Zimtsterne sind nach einem ganz traditionellen Zimtersterne-Rezept gebacken, mit Nüssen, Gewürzen und Trallala. Aber die Monde sind natürlich auch gut, nur etwas mächtiger – und jetzt habe ich beide. Mein Favorit im Weihnachtsgebäck sind eindeutig die Spitzkuchen, weil die so eine schöne Gewürzmischung und so eine Zartheit haben. Die zergehen so auf der Zunge, das finde ich fantastisch. Wenn die in den Laden kommen, muss ich erstmal 'ne Handvoll haben und mir reinschmeißen.

Honnef: Ab wann gibt es die denn im Laden?

Hinkel: Das ist abhängig vom Wetter. Wenn es Mitte Oktober kühl und kalt wird, dann kann es die durchaus schon geben. Dann gibt es noch Printen mit dunkler Schokolade und mit heller Schokolade. Wir haben auch die großen Printen mit Mandeln drauf, wie die vom Hexenhaus. Und wir haben natürlich die neutralen Gewürzprinten, ohne alles, von Opa Jean. Das Rezept der Printen ist tatsächlich noch von meinem Urgroßvater! Der kam ja aus der Eifel nach Düsseldorf, und das ist das einzige Rezept, das er schon gebacken hat. Das ist natürlich sensationell schön, wenn man das noch weiß.

Damit hat er damals auf der Lebensmittelmesse GeSoLei auch wirklich 'ne Goldmedaille gewonnen, und die hängt bei meinem Cousin in der Mittelstraße sogar noch im Laden!

Honnef: Sie sind ja auch selbst sehr kreativ im Entwickeln neuer Spezialitäten.

Hinkel: Nun, sagen wir so, ich lass mich inspirieren. Ich hab zum Beispiel etwas, das seit Jahren drin ist und gut ankommt, nicht nur zum Weihnachtsgeschäft. Da war ich in Sölden gewesen, hab da mit Freunden Kaffee getrunken, und da gab es zu jeder Tass' Kaffee so ein leckeres Nussplätzchen dabei. Da dachte ich, fragste einfach mal nach dem Rezept. – Und das hat der mir witzigerweise dann auch gegeben. Hätt ich nie gedacht. Davon haben wir die Inspiration genommen und das probiert, und dann kam irgendwann auch ein leckeres Ergebnis raus. So ein schönes, butteriges Nussplätzgen! Das läuft gut, weil's wirklich auch köstlich ist. So was zum Beispiel. Oder ich hab jetzt auch ... – mein Gott, wir haben die Spekulatiusfraktion vergessen!

Honnef: Stimmt, dabei ist das sogar typisch rheinisch.

Hinkel: Für Spekulatius habe ich mir eine Walze mit Düsseldorfer Emblemen machen lassen. Mit einem Heine-Kopf und dem Schlossturm drauf, dem Lambertus, Jan Wellem und nem Hoppeditz – auch schon damals.

Die heißen Düsselplätzchen. Wenn man das Herz und die Augen auf hält, kann man gute Ideen einfach mal umsetzen.

Honnef: Düsselplätzchen! Das ist aber schön.

Hinkel: Ja, so heißen die. Wenn das Heine-Institut Veranstaltungen hat, kommen die schon ganz häufig an und sagen: „Wir hätten gerne 150 nur von den Heine-Köppen." Das heißt, ich lass die Walze laufen und zieh nur immer die Heine-Köppe da raus!

Honnef: Stimmt es, dass der Puderzucker vom Christstollen an die Windeln des Jesuskinds erinnern soll?

Hinkel: Naja, es gibt immer viele schöne Geschichten, deren Wahrheitsgehalt eher in der Phantasie liegt, – aber die Phantasie ist schon schön, ne?

Honnef: Naja, es geht so. Pampers? – Ich weiß nicht.

Hinkel: *(Lacht)* Na, die gab's ja damals noch nicht. – Eigentlich ist das ein Kuchen, der sehr lange hält. Normalerweise ist solch ein Hefeteig nach zwei, drei Tagen langweilig. So'n Stuten, da sagste, okay, neuen kaufen. Aber ein Stollen ist anders! Weil der wirklich sagenhaft schwer ist, da sind ja auch Butter und Früchte ohne Ende drin, ist es eigentlich so, je älter der wird, desto besser. Der muss mindestens noch eine Woche liegen, bevor der überhaupt sein richtiges Aroma entwickelt. Mein Papa – und es gibt viele, die das so machen – legt sich den

Weihnachtsstollen hin und isst den erst zu Ostern. Ein guter Stollen muss reifen. Ich habe die alten Rezepte natürlich übernommen. Aber ich bin jemand, der an allen Produkten immer so lange arbeitet, bis er den Punkt erreicht, an dem er auch wirklich zufrieden ist. Und ich habe auch schon mal einen meiner Bäckermeister nach Dresden geschickt, zu einem befreundeten Bäckermeister. Eigentlich habe ich den wegen der Stollen dorthin geschickt. Da wollte der Alte das Rezept natürlich nicht verraten, aber der Junior hat es unter der Hand dann doch rausgegeben *(lacht schelmisch).* So sind wir daran gekommen. Wir haben es dann aber natürlich noch was modifiziert. Witzigerweise hat der uns dann aus dem Urlaub aber noch ein Rezept mitgebracht, für eine selbstgemachte Eierschecke! Die ist einfach klasse und die macht richtig Spaß. Es gibt viele Leute, die aus Sachsen nach Düsseldorf gezogen sind und sich dann auch richtig freuen, so etwas hier zu kriegen. Das finde ich immer ganz besonders schön. So kam dann witzigerweise nicht nur der Christstollen zu mir, sondern auch die Eierschecke.
Honnef: Das heißt, der Düsseldorfer Gaumen ist sehr offen für was Neues?
Hinkel: Ja, die Rheinländer sind sehr offen für so was. Du kriegst hier ja eigentlich alles, von der bayrischen Brezel bis zu französischen Baguette und türkischen Fla-

denbroten. Das ist in Bayern, zum Beispiel, noch ein bisschen anders, zugeknöpfter. – Was die nicht kennen, das essen die auch nicht. Da ist Düsseldorf eine Stadt, glaube ich, die ganz weit vorne und besonders offen ist für neue kulturelle Einflüsse.

Honnef: Ich habe mir sagen lassen, das läge daran, dass wir keinen Dom haben. Der Düsseldorfer könne sich daher ständig umschauen, während der Kölner seit jeher nur auf seinen zentralen Dom fixiert sei.

Hinkel: Ja, die Kölner sind ein bisschen monostrukturiert, auf ihren Dom natürlich, und durch ihren Karneval. Gut, die sind natürlich auch weltoffen; es ist nicht so, dass die total zu wären. Die Düsseldorfer sind einfach offener, das liegt aber auch daran, dass Düsseldorf gerade erst gewachsen ist. Wenn du auf das Stadtbild von 1840/50 guckst, da reichte Düsseldorf bis zur Kö! Schluss! In der Zeit kamen Leute aus den mittelweiten Entfernungen nach Düsseldorf, aus dem Hunsrück, aus dem Sauerland. Mein Urgroßvater ja auch; der musste nach Düsseldorf kommen, weil er als nachgeborener Sohn in der Eifel nichts werden konnte. Die Düsseldorfer leben davon, dass sie dynamisch und weltoffen sind.

Honnef: Noch eine letzte Frage: Wie sieht es Silvester bei Ihnen aus?

Hinkel: Silvester ist es natürlich das Gleiche wie an Heiligabend. Erstmal richtig arbeiten, Baguette und so was verkaufen, dann kommen Freunde in aller Regel, oder man geht zu Freunden und dann wird lecker gefuttert! Letztes Jahr haben wir einen Rost gebaut und gegrillt.

Honnef: Drinnen!?

Hinkel: Ja, drinnen! *(Lacht)* Wir haben uns mit den Kindern auf die Sessel geflätzt und haben gegrillt! Das war auch nett. Und dann wird traditionell ohne Ende Feuerwerk abgebrannt, das machen wir nicht mehr ganz so verrückt, aber ein bisschen muss schon noch sein. Danach geht man auch nicht mehr ganz so spät in die Puppen; wenn du Kinder hast, ist alles etwas anders.

Honnef: Und dann müssen ja auch noch die Neujährchen gebacken werden!

Hinkel: Genau. Ein Neujährchen ist ja ein gebildetes Sonnenrad. Ich denke, das ist was Keltisches, ne keltische Rune. Aber die Kelten waren bei uns ja eigentlich gar nicht gewesen!? – Na, da sieht man mal wieder, wie offen wir sind! *(Lacht)*

Honnef: Ich danke Ihnen für dieses nette Gespräch und wünsche Ihnen jetzt schon mal frohe Weihnachten. Man kann nie früh genug damit anfangen!

Literaturverzeichnis

Achten, Udo: Düsseldorf zu Fuß. 19 Stadtrundgänge durch Geschichte und Gegenwart. Essen 2009.

Czwodzinski, Eduard: Düsseldorf im Zeichen des Weihnachtsfestes. In: Jan Wellem, Jg. 2 Heft 12. Düsseldorf 1927.

Dahm, August: Weihnachten um die letzte Jahrhundertwende. In: Das Tor, Jg. 28 Heft 12. Düsseldorf 1962.

Fimpeler-Philippen, Annette: Damals in Düsseldorf. Düsseldorf 2009.

Forte, Dieter: Der Junge mit den blutigen Schuhen. Frankfurt am Main 1995.

Herchenbach, Wilhelm: Martinsabend in Düsseldorf vor einem Jahrhundert. In: Die Heimat, Nr. 11. Düsseldorf 1960.

Hoffmann, Heinrich: Der Struwwelpeter oder lustige Geschichten und drollige Bilder. Ungekürzte, farbige Neuausgabe. München 2002.

Kleinfeld, Hermann: Düsseldorfs Straßen und ihre Benennung. Düsseldorf 1996.

Kryn, Tony: Obwohl nicht mehr erlaubt.... In: Erlebtes und

Erlittenes. Gerresheim unter dem Nationalsozialismus. Berichte – Dokumente – Erzählungen. Hrsg. von der Landeshauptstadt Düsseldorf. Düsseldorf 1993.

Kuntz, Andreas (Hg.): Düsseldorf vor 100 Jahren. Mit Beitr. von Hilmar Czerwinski. Düsseldorf 1988.

Müller-Schlösser, Hans: Die Stadt an der Düssel. Düsseldorf 1937.

Schönfeldt, Sybil: 2000 Jahre Weihnachten. Freiburg 1998.

Uzarski, Adolf: Möppi. Die Memoiren eines Hundes. München 1921.

Vossen, Rüdiger: Weihnachtsbräuche in aller Welt. Mit Beitr. von Karla Vossen und Gertrud Schier. 5. Auflage. Hamburg 1994.

Weihnachten in Düsseldorf um 1810. In: Bilker Sternwarte, Nr.12. Düsseldorf 1996

Weihnachten bei Henkel. In: Blätter vom Hause. Werkzeitschrift der Firma Henkel. Düsseldorf 1929.

Wintgens, Frank: Mit der Vergangenheit leben. Feste und Feiern in Düsseldorf 1945–1955. Düsseldorf 1996.

Wolf, Irmgard/Engelhardt, Manfred: Rheinisches Winter- und Weihnachtsbuch. Köln 2001.